本書の特長＆使い方

① 教科ごとの番号

② 単元の名前

③ 学習日

④ 点　数

１回目と２回目があります。

⑤ ページ番号

このドリル全体の通し番号です。

⑥ 教科名

⑦ 解答ページ

この問題の解答があるページです。

⑧ チェックボックス

まちがえた問題には✓チェックを入れましょう。

⑨ 配　点

問題ごとの点数を書いています。
基本的に記号１つあたりで点数がつくように配点しています。

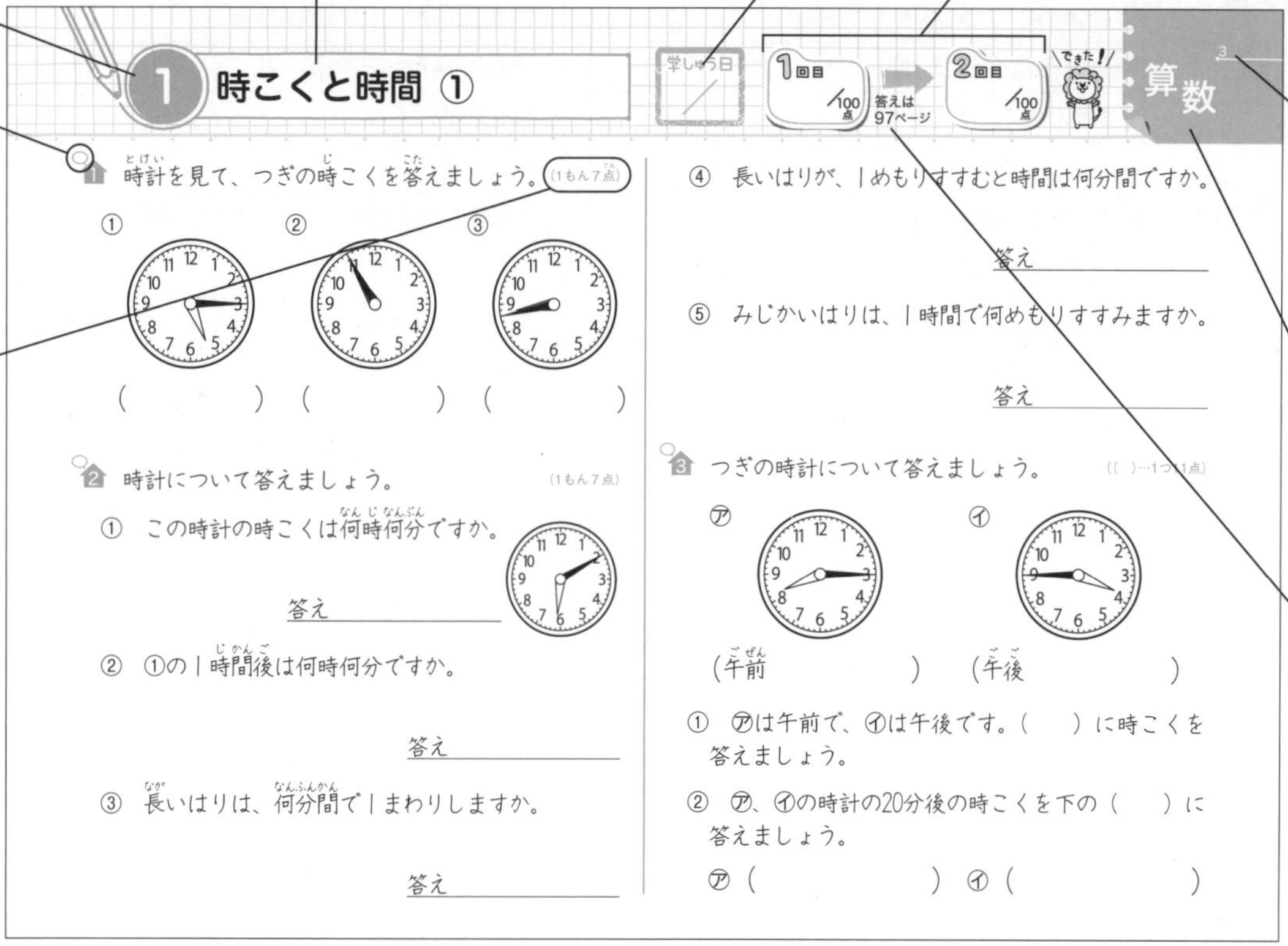

１回１枚、切り取って使える！

各教科１回１枚ずつ取り組むと、約１か月で予習・復習できます。

苦手がわかる、チェック式！

まちがえた問題にチェックを入れると、苦手を知れて対策できます。

やさしく学べて、成績アップ！

教科書レベルの内容が、しっかり身につきます。

両面に問題を収録！　問題数NO.1！（※当社比）

学期や学年末の総まとめとして、さまざまな問題に取り組めます。

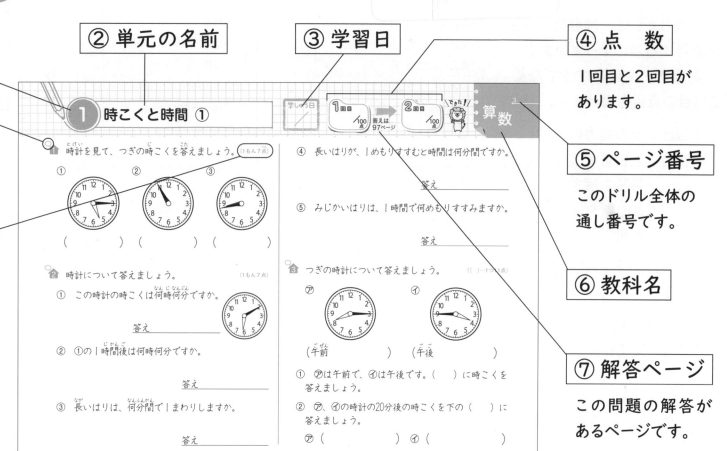

もくじ＆点数表

　このもくじは、学習日と点数を記録する表になっています。
　点数は、１回目だけでなく、２回目の点数も書けます。

　１回目：今の実力の点数
　２回目：１回目でまちがえた問題を解きなおし、100点を目指した点数

　２回目は解答を確認しながらでもいいので、まちがえをそのままにせず、解きなおしをして苦手をなくしましょう。

解答は、
97ページから！

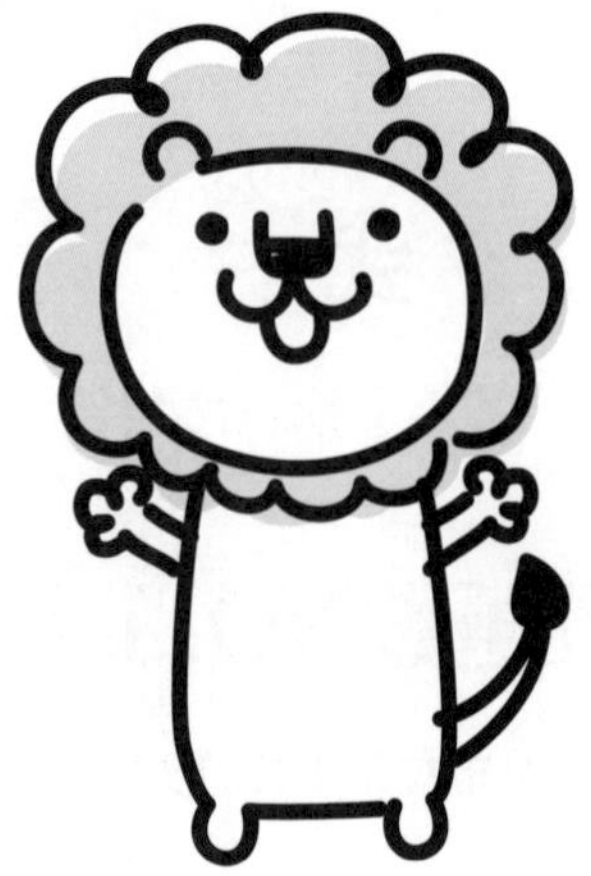

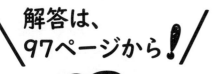

1 時こくと時間 ①

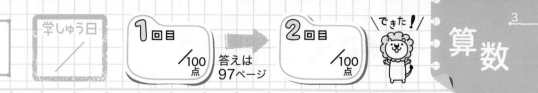

1 時計《とけい》を見て、つぎの時《じ》こくを答《こた》えましょう。（1もん7点《てん》）

①  ②  ③ 

（　　　　）（　　　　）（　　　　）

2 時計について答えましょう。（1もん7点）

① この時計の時こくは何《なん》時《じ》何分《なんぷん》ですか。

答え ＿＿＿＿＿＿

② ①の1時間後《じかんご》は何時何分ですか。

答え ＿＿＿＿＿＿

③ 長《なが》いはりは、何分間《なんぷんかん》で1まわりしますか。

答え ＿＿＿＿＿＿

④ 長いはりが、1めもりすすむと時間は何分間ですか。

答え ＿＿＿＿＿＿

⑤ みじかいはりは、1時間で何めもりすすみますか。

答え ＿＿＿＿＿＿

3 つぎの時計について答えましょう。（（　）…1つ11点）

㋐ 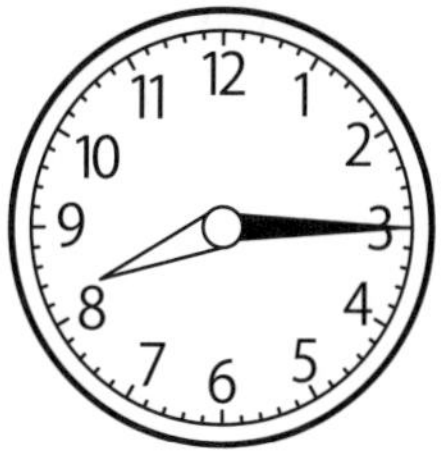 ㋑ 

（午前《ごぜん》　　　　）（午後《ごご》　　　　）

① ㋐は午前で、㋑は午後です。（　　）に時こくを答えましょう。

② ㋐、㋑の時計の20分後の時こくを下の（　　）に答えましょう。

㋐（　　　　）　㋑（　　　　）

2 時こくと時間 ②

答えは97ページ

1 つぎの時計《とけい》を見て、時《じ》こくを答《こた》えましょう。また、それぞれの１時間前《じかんまえ》と、20分前《ぷんまえ》と、30分後《ご》の時こくを答えましょう。 （（　）…1つ5点《てん》）

㋐

㋑

㋒

(1) 今の時こく

（㋐　　　　）（㋑　　　　）（㋒　　　　）

(2) １時間前の時こく

（㋐　　　　）（㋑　　　　）（㋒　　　　）

(3) 20分前の時こく

（㋐　　　　）（㋑　　　　）（㋒　　　　）

(4) 30分後の時こく

（㋐　　　　）（㋑　　　　）（㋒　　　　）

2 □にあてはまる数《かず》をかきましょう。 （1もん5点）

① １時間＝□分

② １日＝□時間

③ 100分＝□時間□分

④ １時間20分＝□分

⑤ １時間45分＝□分

3 つぎの時こくは、午後何時何分《ごごなんじなんぷん》のことでしょう。 （1もん5点）

① 13時30分＝午後□時□分

② 16時半《はん》＝午後□時□分

③ 20時10分＝午後□時□分

3 時こくと時間 ③

学しゅう日 ／

1回目 ／100点

答えは97ページ

2回目 ／100点

1 つぎの時間《じかん》を何分《なんふん》になおしましょう。 (1もん5点《てん》)

① 1時間20分

答《こた》え ＿＿＿＿＿＿

② 1時間40分

答え ＿＿＿＿＿＿

③ 1時間45分

答え ＿＿＿＿＿＿

④ 2時間

答え ＿＿＿＿＿＿

2 つぎの時間を何時間何分になおしましょう。 (1もん5点)

① 75分

答《こた》え ＿＿＿＿＿＿

② 90分

答え ＿＿＿＿＿＿

③ 115分

答え ＿＿＿＿＿＿

④ 150分

答え ＿＿＿＿＿＿

3 山田さんは85分間、川口さんは110分間歩《ある》きました。川口さんは、山田さんより何分間多《おお》く歩きましたか。

(しき…10点　答え…10点)

(しき)

答え ＿＿＿＿＿＿

4 田中さんは、毎日《まいにち》本を読《よ》んでいます。

きのうは1時間10分、きょうは80分間読《よ》みました。きょうの方《ほう》が何分間多く読みましたか。 (しき…10点　答え…10点)

(しき)

答え ＿＿＿＿＿＿

5 山口さんは、バスに45分間と電車《でんしゃ》に1時間7分のって、おじさんの家《いえ》に行きました。電車の方がバスより何分間多くのっていましたか。

(しき…10点　答え…10点)

(しき)

答え ＿＿＿＿＿＿

4 時こくと時間 ④

学しゅう日　／

1回目　／100点

答えは97ページ

2回目　／100点

できた！

1　1日は24時間《じかん》で、夜中《よなか》の午後《ごご》12時は24時（0時）です。つぎの時こくは、午後何時ですか。　（1もん4点《てん》）

① 14時＝午後 ［　　］ 時

② 18時＝午後 ［　　］ 時

2　つぎの時間を何分《なんふん》になおしましょう。　（1もん4点）

① 1時間　（　　　）分

② 2時間　（　　　）分

③ 1時間20分　（　　　）分

④ 2時間35分　（　　　）分

3　つぎの時間を何時間何分になおしましょう。　（1もん4点）

① 100分　（　　時間　　分）

② 65分　（　　時間　　分）

③ 130分　（　　時間　　分）

④ 165分　（　　時間　　分）

4　家《いえ》から学校まで25分間かかります。学校がはじまる8時半《はん》までにつくには、おそくとも家を午前《ごぜん》何時何分に出ればよいですか。　（しき…10点　答え…10点）

（しき）

答《こた》え ＿＿＿＿＿＿＿＿

5　ようすけさんは、毎日読書《まいにちどくしょ》をしています。おととい40分間、きのう50分間、きょう70分間でした。全部で何時間何分読《よ》んでいますか。　（しき…10点　答え…10点）

（しき）

答え ＿＿＿＿＿＿＿＿

6　みずきさんは、おひるねをしました。午後2時から75分間たっていました。おきた時こくは午後何時何分でしたか。　（しき…10点　答え…10点）

（しき）

答え ＿＿＿＿＿＿＿＿

5 ひょうとグラフ ①

学しゅう日 ／

1回目 ／100点　答えは97ページ　2回目 ／100点　できた！

下の どうぶつの絵《え》の数《かず》をしらべましょう。

① りす、ねこ、いぬ、うさぎの絵の数だけ□に色《いろ》をぬりましょう。（20点《てん》）

りす								
ねこ								
いぬ								
うさぎ								

② どうぶつの絵の数をひょうにしましょう。（20点）

どうぶつの絵

	りす	ねこ	いぬ	うさぎ
数（まい）				

③ どうぶつの絵の数だけ○をしてグラフにしましょう。（60点）

どうぶつの絵

	○			
	○			
	○			
	○			
	○			
	○			
	○			
どうぶつの名前→	りす	ねこ	いぬ	うさぎ

6 ひょうとグラフ ②

答えは98ページ

下のどうぶつの絵《え》の数《かず》をしらべましょう。

① ぞう、ねずみ、さる、パンダの絵の数だけ□に色《いろ》をぬりましょう。（20点《てん》）

ぞう								
ねずみ								
さる								
パンダ								

② どうぶつの絵の数をひょうにしましょう。（20点）

どうぶつの絵

	ぞう	ねずみ	さる	パンダ
数（まい）				

③ どうぶつの絵の数だけ○をしてグラフにしましょう。（60点）

どうぶつの名前→

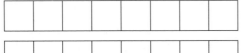

7 1000までの数 ①

学しゅう日 ／

1回目 ／100点

答えは98ページ

2回目 ／100点

1 つぎの数《かず》をかきましょう。 (1もん10点《てん》)

① 100を6こ、10を3こ、1を9こあわせた数 □

② 100を4こ、10を5こあわせた数 □

③ 100を2こ、1を7こあわせた数 □

2 □にあてはまる数をかきましょう。 (1もん10点)

① 193は、100を□こ、10を□こ、1を□こあわせた数です。

② 803は、100を□こ、10を□こ、1を□こあわせた数です。

③ 430は、100を□こ、10を□こ、1を□こあわせた数です。

3 つぎの数をかきましょう。 (1もん4点)

① 10を52こあつめた数 □

② 100を10こあつめた数 □

③ 900より100大きい数 □

④ 600より50小さい数 □

⑤ 1000より500小さい数 □

4 つぎの数直線《すうちょくせん》の↑でしめした数を□にかきましょう。 (□…1つ4点)

①

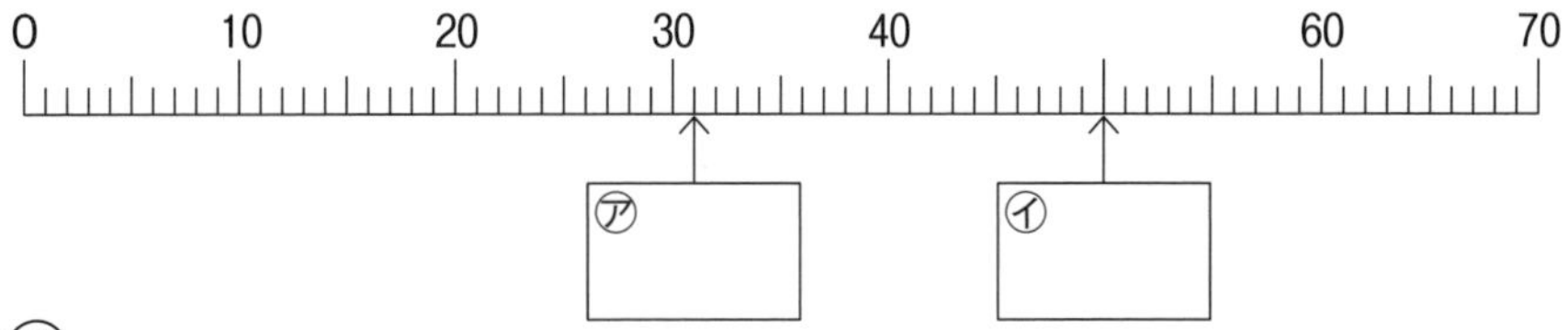

②

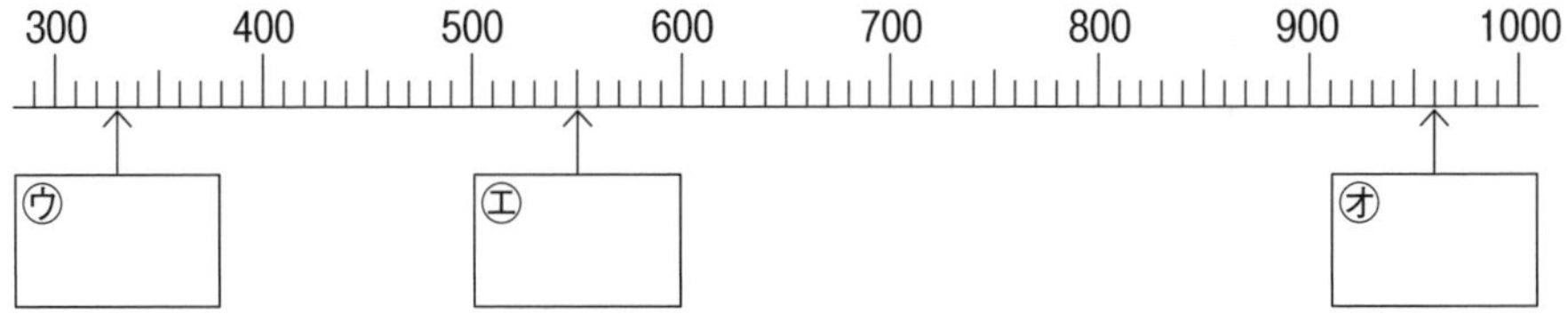

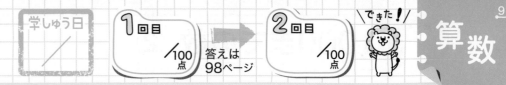

8 1000までの数 ②

学しゅう日　／

1回目　／100点

答えは98ページ

2回目　／100点

1 □にあてはまる数《かず》をかきましょう。　(1もん5点《てん》)

① 178 ― 179 ― □ ― □ ― 182

② 380 ― 390 ― □ ― 410 ― □

③ 156 ― □ ― □ ― 162 ― 164

④ 700 ― □ ― 900 ― □ ― 1100

⑤ □ ― 375 ― □ ― □ ― 372 ― 371 ― □ ― 369 ― 368 ― □

2 大きい方《ほう》の数を ⬭ でかこみましょう。　(1もん5点)

① 669 と 700

② 481 と 811

③ 508 と 900

④ 298 と 289

⑤ 310 と 302

3 つぎの数を数字《すうじ》でかきましょう。　(1もん5点)

① 百と三十と七をあわせた数　(　　　)

② 百のくらいが8、十のくらいが5、一のくらいが1の数　(　　　)

③ 百のくらいが4、十のくらいが7、一のくらいが0の数　(　　　)

④ 五百と七をあわせた数　(　　　)

⑤ 百のくらいが9、十のくらいが0、一のくらいが3の数　(　　　)

4 つぎの数直線《すうちょくせん》を見て答《こた》えましょう。　(□…1つ5点)

1めもりは10です。㋐～㋔の数をかきましょう。

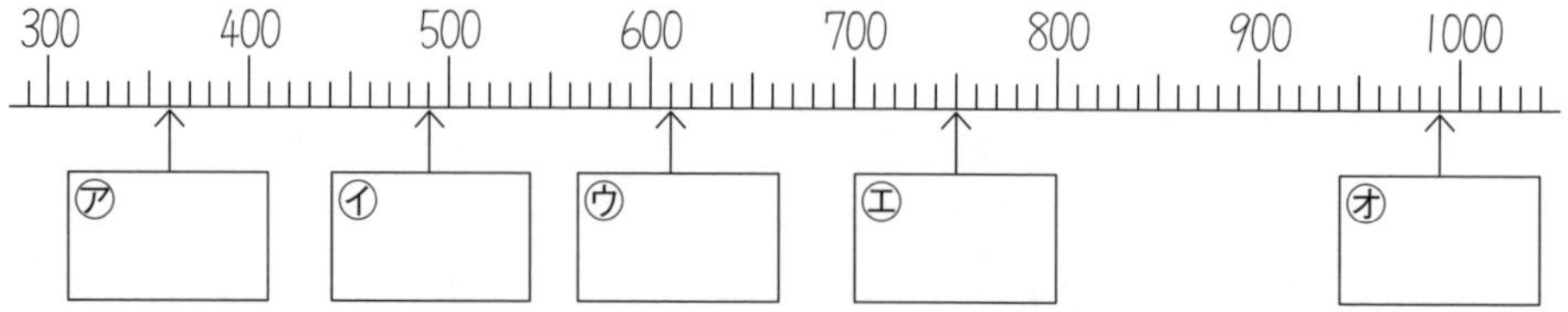

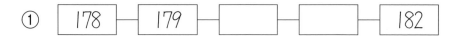

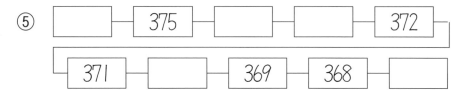

9 1000までの数 ③

学しゅう日　／

1回目　／100点　答えは98ページ　2回目　／100点　できた！

1 つぎの数《かず》をかきましょう。　(1もん5点《てん》)

① 200より400大きい数　(　　　)

② 600より500小さい数　(　　　)

③ 750より50大きい数　(　　　)

④ 1000より300小さい数　(　　　)

⑤ 10を69こあつめた数　(　　　)

2 つぎの数をかん数字《すうじ》でかきましょう。　(1もん5点)

① 763…(　　　)

② 430…(　　　)

③ 201…(　　　)

④ 500…(　　　)

⑤ 321…(　　　)

3 1めもりは10です。

㋐190、㋑320、㋒550、㋓790、㋔880を↑㋐というように数直線《すうちょくせん》上にかきましょう。　(1つ5点)

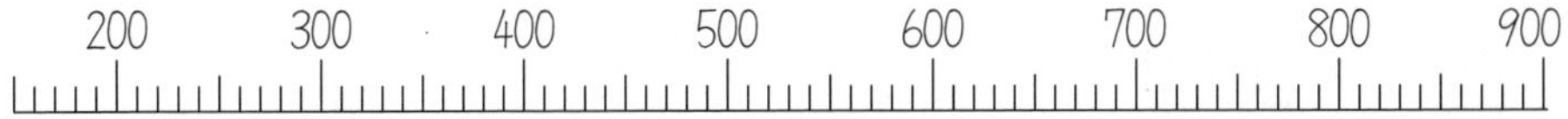

4 □にあてはまる数をかきましょう。　(1もん5点)

① 490は、100を□こ、10を□こ合《あ》わせた数です。

② 640は、10を□こあつめた数です。

③ 370は、1を□こあつめた数です。

④ 900は、10を□こあつめた数です。

⑤ 600は、10を□こあつめた数です。

10 1000までの数 ④

1 つぎの数《かず》を数字《すうじ》でかきましょう。 （1もん5点《てん》）

① 二百五十一…（　　　　）

② 五百九十九…（　　　　）

③ 八百三十　…（　　　　）

④ 四百八　　…（　　　　）

⑤ 七百　　　…（　　　　）

2 つぎの数直線《すうちょくせん》上の㋐～㋔の数を答《こた》えましょう。 （□…1つ5点）

①

㋐ □　㋑ □　㋒ □

②

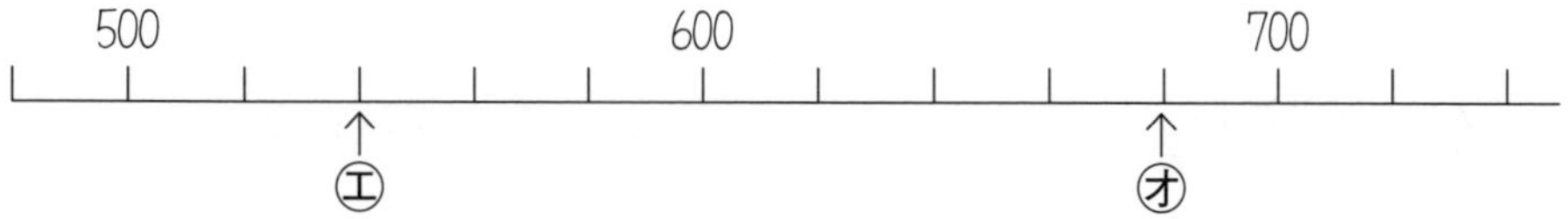

㋓ □　㋔ □

3 つぎの数をかん数字でかきましょう。 （1もん6点）

① 208（　　　　）

② 895（　　　　）

③ 999（　　　　）

④ 600（　　　　）

⑤ 123（　　　　）

4 Ⓐ、Ⓘ、Ⓤの3本のリンゴの木があります。

Ⓐの木には500このリンゴができました。Ⓘは Ⓐよりも30こ多《おお》く、ⓊはⒶよりも50こ少《すく》なくリンゴができました。Ⓘ、Ⓤは何《なん》こできましたか。 （□…1つ10点）

（しき）

Ⓘ □ こ　Ⓤ □ こ

11 1000までの数 ⑤

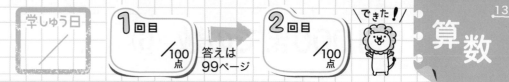

1 つぎの□にあてはまる数《かず》をかきましょう。（1もん5点《てん》）

① 372は、100を□こ、10を□こ、1を□こあわせた数です。

② 290は、100を□こ、10を□こ、1を□こあわせた数です。

③ 706は、100を□こ、10を□こ、1を□こあわせた数です。

④ 600は、100を□こ、10を□こ、1を□こあわせた数です。

⑤ 440は、10を□こあつめた数です。

⑥ □は、100を9こ、10を6こ、1を3こあわせた数です。

2 つぎの数を数字《すうじ》でかきましょう。（1もん5点）

① 八百七十 □　② 百九十一 □

③ 四百六 □　④ 百五 □

⑤ 六百 □

3 大きい方《ほう》の数を◯でかこみましょう。（1もん5点）

① 741 と 739　② 673 と 736

③ 802 と 820　④ 489 と 498

4 つぎの数をかきましょう。（1もん5点）

① 10を10こあつめた数　（　　　）

② 10を60こあつめた数　（　　　）

③ 100を7こあつめた数　（　　　）

④ 10を14こあつめた数　（　　　）

⑤ 10を49こあつめた数　（　　　）

12 1000までの数 ⑥

学しゅう日　／

1回目　／100点　答えは99ページ　2回目　／100点

算数

1 つぎの数《かず》をかきましょう。（1もん5点《てん》）

① 百のくらいが5、十のくらいが8、一のくらいが7の数は［　　］です。

② 百のくらいが8、一のくらいが3の数は［　　］です。

③ 100を3こ、10を7こ、1を5こあわせた数は［　　］です。

2 つぎの文を、しきにあらわしましょう。（1もん5点）

① 829は、800と20と9をあわせた数です。

829＝［　　］＋［　　］＋［　　］

② 506は、500と6をあわせた数です。

506＝［　　］＋［　　］

3 つぎの数直線《すうちょくせん》を見て、あとのもんだいに答《こた》えましょう。

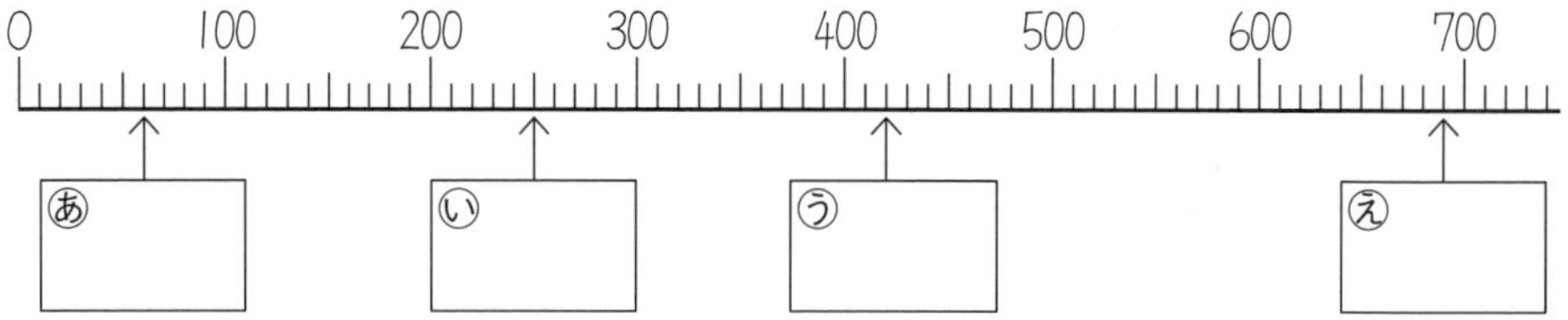

① あ～えにあてはまる数をかきましょう。（1つ5点）

② 520をあらわすめもりに↑をつけましょう。（5点）

4 □にあてはまる数をかきましょう。（□…1つ5点）

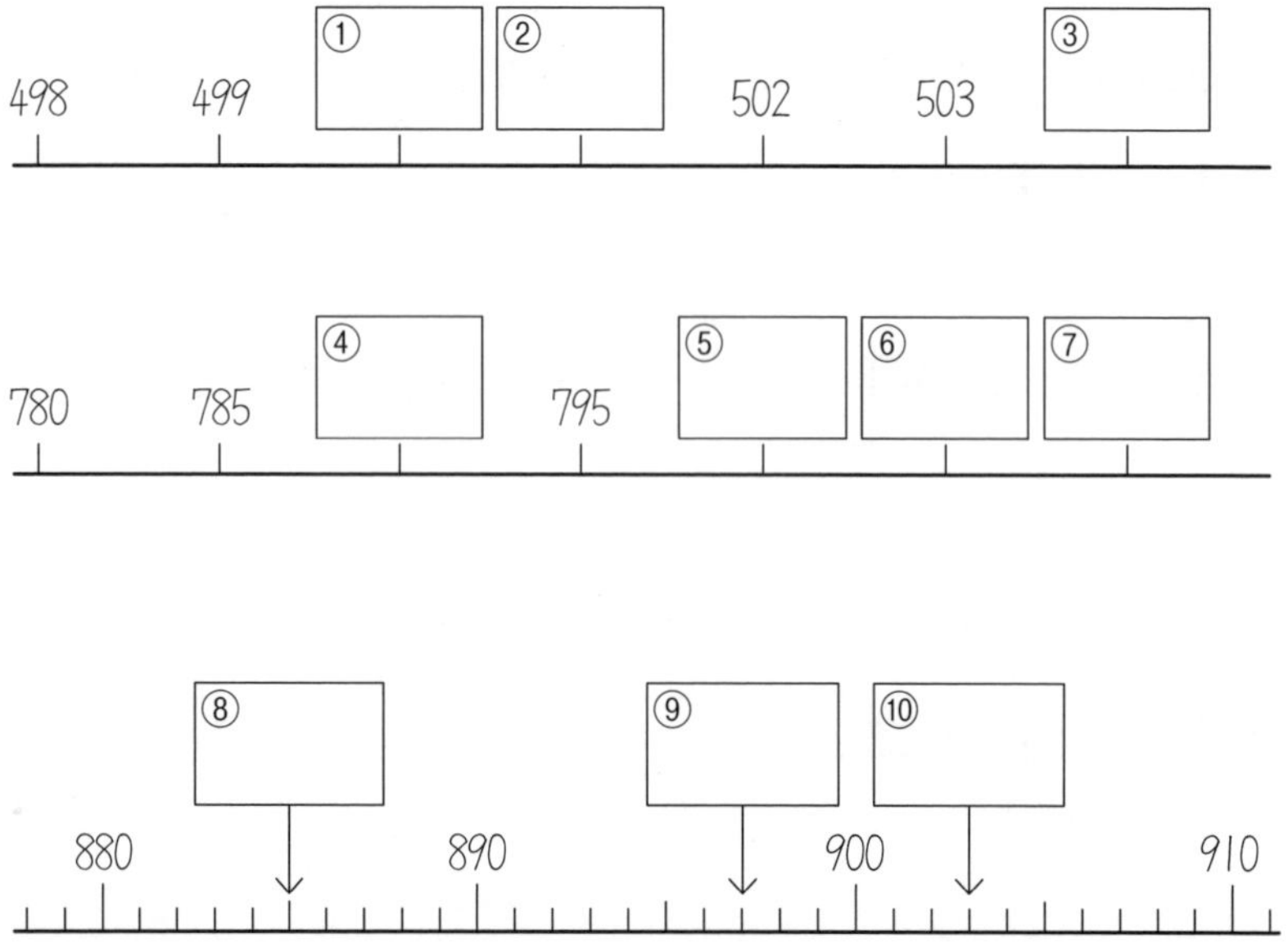

13 たし算 ①

学しゅう日　／

1回目　／100点

答えは99ページ

2回目　／100点

1 つぎの計算《けいさん》をしましょう。　(1もん4点《てん》)

①

	2	3
＋	4	5

②

	4	1
＋	4	5

③

	7	4
＋	2	3

④

	5	2
＋	3	5

⑤

	5	3
＋	2	6

⑥

	4	1
＋	1	8

⑦

	2	4
＋	3	5

⑧

	6	4
＋	2	2

⑨

	3	5
＋	3	4

2 カードを、水野《みずの》さんは23まい、丸山《まるやま》さんは25まい、もっています。あわせて何《なん》まいですか。

(しき…7点　答え…7点)

(しき)

答《こた》え ＿＿＿＿＿＿

3 つぎの計算をしましょう。　(1もん4点)

①

	3	7
＋	4	5

②

	2	6
＋	3	6

③

	4	8
＋	4	7

④

	4	9
＋	1	8

⑤

	5	6
＋	2	9

⑥

	3	4
＋	5	8

⑦

	3	5
＋	3	7

⑧

	1	3
＋	3	9

⑨

	5	9
＋	2	7

4 カードを、原田《はらだ》さんは27まい、山本さんは25まい、もっています。あわせて何まいですか。

(しき…7点　答え…7点)

(しき)

答え ＿＿＿＿＿＿

14 たし算 ②

学しゅう日 ／

1回目 ／100点 答えは99ページ 2回目 ／100点

1 つぎの計算《けいさん》をしましょう。 (1もん4点《てん》)

①

	2	3
＋	2	7

②

	3	8
＋	2	2

③

	4	5
＋	3	5

④

	4	8
＋	4	8

⑤

	3	9
＋	3	9

⑥

	1	7
＋	1	7

⑦

	3	6
＋		4

⑧

	4	5
＋		5

⑨

	8	8
＋		2

2 カードを、春山《はるやま》さんと夏川《なつかわ》さんは25まいずつ、もっています。あわせて何《なん》まいですか。 (しき…7点　答え…7点)

(しき)

答《こた》え ＿＿＿＿＿＿＿＿

3 つぎの計算をしましょう。 (1もん4点)

①

	6	3
＋	5	4

②

	8	4
＋	4	3

③

	8	5
＋	8	1

④

	6	2
＋	9	3

⑤

	8	1
＋	6	6

⑥

	7	2
＋	9	2

⑦

	5	3
＋	6	1

⑧

	3	4
＋	9	4

⑨

	6	7
＋	6	2

4 赤い色紙《いろがみ》が62まいと、青い色紙が73まいあります。あわせて何まいですか。 (しき…7点　答え…7点)

(しき)

答え ＿＿＿＿＿＿＿＿

15 たし算 ③

学しゅう日　／

1回目　／100点

答えは99ページ

2回目　／100点

できた！

1 つぎの計算《けいさん》をしましょう。 (1もん4点《てん》)

①

	2	4
+	9	7

②

	5	4
+	7	9

③

	7	5
+	8	8

④

	6	8
+	7	4

⑤

	5	6
+	7	8

⑥

	7	9
+	4	6

⑦

	5	2
+	7	9

⑧

	8	8
+	7	6

⑨

	5	7
+	9	7

2 小学生が75人、中学生が57人公園《こうえん》にいます。小学生と中学生をあわせると何《なん》人ですか。 (しき…7点　答え…7点)

(しき)

答《こた》え ________

3 つぎの計算をしましょう。 (1もん4点)

①

	2	5
+	7	6

②

	4	5
+	5	9

③

	6	8
+	3	7

④

	3	4
+	6	9

⑤

	7	5
+	2	7

⑥

	1	9
+	8	8

⑦

	9	7
+		5

⑧

		8
+	9	7

⑨

	9	8
+		3

4 自《じ》てん車《しゃ》の新車《しんしゃ》が74台《だい》と、中古車《ちゅうこしゃ》が28台あります。あわせると何台ありますか。 (しき…7点　答え…7点)

(しき)

答え ________

16 たし算 ④

学しゅう日　／

1回目　／100点

答えは
99ページ

2回目　／100点

1 つぎの計算《けいさん》をひっ算でしましょう。　(1もん10点《てん》)

① 67+87　② 6+97　③ 28+34

④ 86+19　⑤ 27+57　⑥ 46+79

2 1組《くみ》のはたけには、トマトが57こなりました。2組のはたけには63こなりました。トマトはぜんぶで何《なん》こになりましたか。　(しき…5点　答え…5点)

(しき)

答《こた》え

3 きのう、しいたけを64本とりました。きょうは38本とりました。しいたけはぜんぶで何本ですか。　(しき…5点　答え…5点)

(しき)

答え

4 ボールペンを89円で、けしゴムを47円で買《か》いました。あわせて何円ですか。　(しき…5点　答え…5点)

(しき)

答え

5 白いビー玉は77こ、青いビー玉は35こあります。ビー玉はぜんぶで何こですか。　(しき…5点　答え…5点)

(しき)

答え

17 ひき算 ①

学しゅう日　／

1回目　／100点
答えは100ページ
2回目　／100点

1 つぎの計算《けいさん》をしましょう。 （1もん4点《てん》）

① $68 - 45$
② $86 - 45$
③ $97 - 23$
④ $87 - 32$
⑤ $79 - 26$
⑥ $59 - 18$
⑦ $59 - 24$
⑧ $86 - 14$
⑨ $69 - 35$

2 いちごが78こありました。いま、43こ食《た》べました。のこりは何《なん》こですか。 （しき…7点　答え…7点）

（しき）

答《こた》え＿＿＿＿＿＿

3 つぎの計算をしましょう。 （1もん4点）

① $82 - 37$
② $92 - 66$
③ $95 - 47$
④ $97 - 79$
⑤ $84 - 56$
⑥ $92 - 53$
⑦ $72 - 37$
⑧ $62 - 18$
⑨ $83 - 59$

4 さくらんぼが53こありました。いま、25こ食べました。のこりは何こですか。 （しき…7点　答え…7点）

（しき）

答え＿＿＿＿＿＿

18 ひき算 ②

答えは100ページ

1 つぎの計算《けいさん》をしましょう。（1もん4点《てん》）

① $50 - 27$

② $60 - 38$

③ $80 - 35$

④ $60 - 18$

⑤ $70 - 39$

⑥ $30 - 13$

⑦ $90 - 54$

⑧ $80 - 25$

⑨ $70 - 48$

2 50人のりの船《ふね》に、36人がのりました。あと、何《なん》人のれますか。（しき…7点　答え…7点）

（しき）

答《こた》え

3 つぎの計算をしましょう。（1もん4点）

① $155 - 62$

② $147 - 66$

③ $134 - 72$

④ $114 - 53$

⑤ $137 - 43$

⑥ $125 - 62$

⑦ $108 - 26$

⑧ $106 - 92$

⑨ $107 - 45$

4 色紙《いろがみ》が128まいありました。34まいつかいました。のこりは何まいですか。（しき…7点　答え…7点）

（しき）

答え

19 ひき算 ③

学しゅう日　／

1回目　／100点

答えは100ページ

2回目　／100点

できた！

1 つぎの計算《けいさん》をしましょう。 （1もん4点《てん》）

① 121 − 24
② 133 − 57
③ 143 − 75
④ 152 − 78
⑤ 112 − 34
⑥ 163 − 79
⑦ 130 − 79
⑧ 124 − 36
⑨ 154 − 97

2 色画用紙《いろがようし》は、黒《くろ》色が125まいと青色が85まいあります。黒色の方《ほう》が青色より何《なん》まい多《おお》いですか。 （しき…7点　答え…7点）

（しき）

答《こた》え＿＿＿＿＿＿

3 つぎの計算をしましょう。 （1もん4点）

① 123 − 86
② 135 − 58
③ 106 − 87
④ 151 − 76
⑤ 104 − 16
⑥ 96 − 48
⑦ 102 − 8
⑧ 133 − 84
⑨ 92 − 37

4 ２年生はぜんぶで153人です。男子は76人です。女子は何人ですか。 （しき…7点　答え…7点）

（しき）

答え＿＿＿＿＿＿

20 ひき算 ④

学しゅう日　／

1回目　／100点

答えは100ページ

2回目　／100点

1 つぎの計算《けいさん》をひっ算でしましょう。　(1もん10点《てん》)

① 100－53　② 125－37　③ 94－28

④ 105－9　⑤ 163－97　⑥ 74－27

2 くぎが150本あります。86本つかうと、のこりは何《なん》本ですか。　(しき…5点　答え…5点)

(しき)

答《こた》え

3 どんぐりが102こあります。35こをどんぐりごまにすると、のこりは何こですか。　(しき…5点　答え…5点)

(しき)

答え

4 えんぴつが144本あります。85人の子どもに1本ずつくばると、のこりは何本ですか。　(しき…5点　答え…5点)

(しき)

答え

5 すいかが店《みせ》に100こあります。午《ご》前《ぜん》中に42こ売《う》れました。のこりは何こですか。　(しき…5点　答え…5点)

(しき)

答え

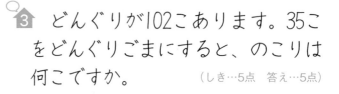

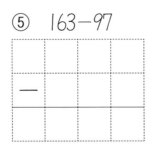

21 たし算とひき算（図をつかって）①

学しゅう日　／

1回目　／100点

答えは100ページ

2回目　／100点

できた！

1 ハムスターを12ひきかっています。子どもが生まれたので、20ぴきになりました。生まれたのは何《なん》びきですか。下の図《ず》に数《かず》をかきましょう。

（図…5点《てん》　しき…10点　答え…10点）

〈図〉

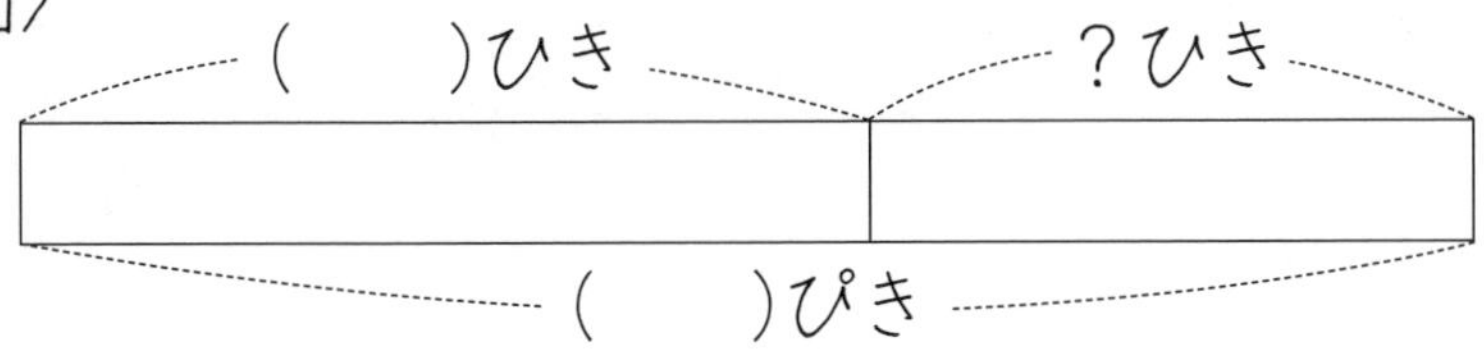

（しき）

答《こた》え

2 自《じ》どう車が14台《だい》とまっています。あとから何台か来《き》たので、33台になりました。あとから来たのは何台ですか。

下の図に数をかきましょう。（図…5点　しき…10点　答え…10点）

〈図〉

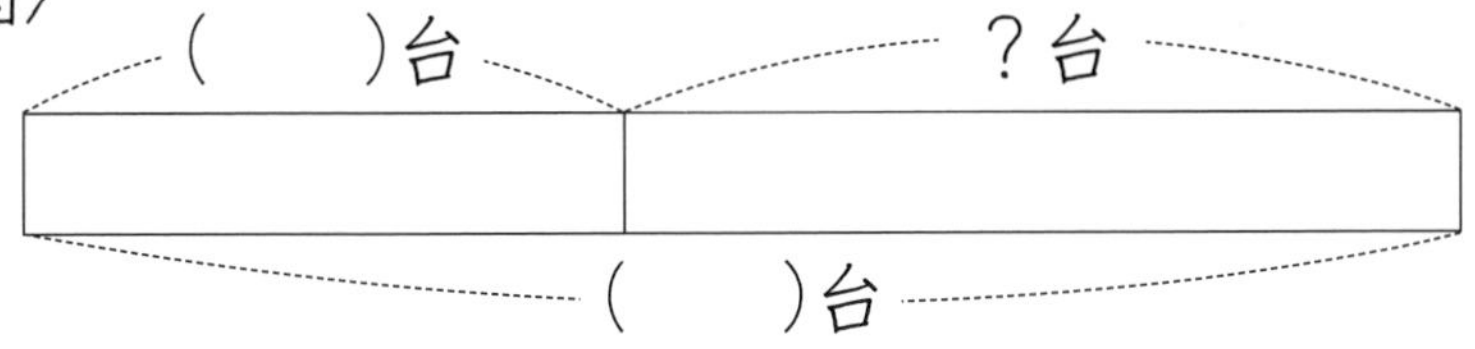

（しき）

答え

3 りんごが14こあります。何こか食《た》べたので、のこりは8こになりました。食べたのは何こですか。

下の図に数をかきましょう。（図…5点　しき…10点　答え…10点）

〈図〉

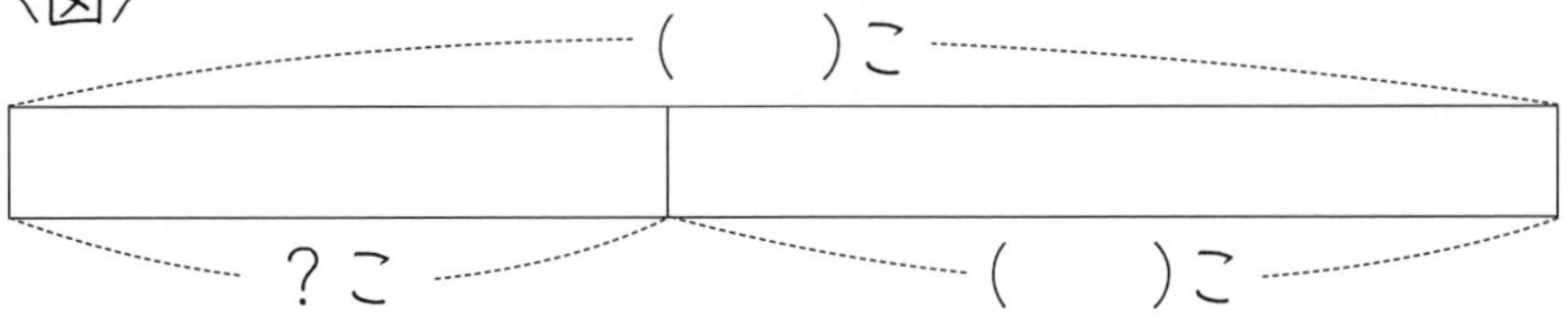

（しき）

答え

4 24まいのカードがあります。何まいかつかったので、のこりが16まいになりました。つかったカードは何まいですか。下の図に数をかきましょう。

（図…5点　しき…10点　答え…10点）

〈図〉

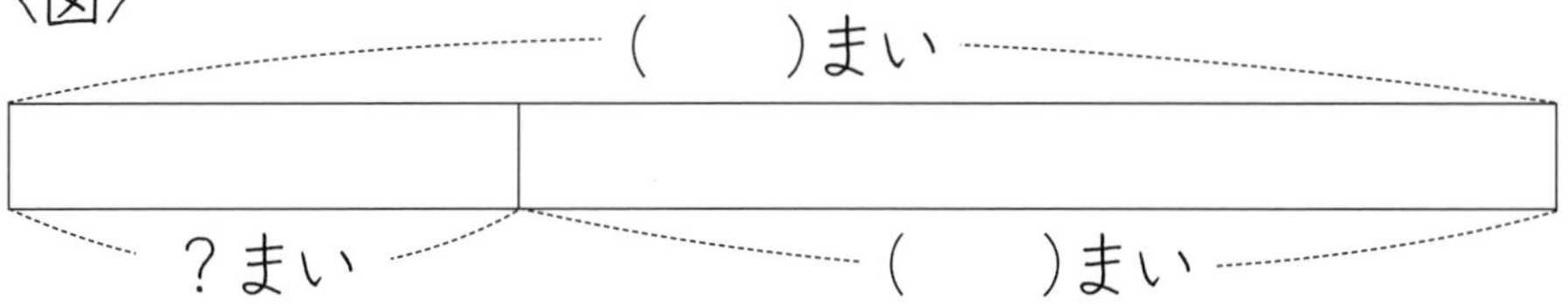

（しき）

答え

22 たし算とひき算（図をつかって）②

学しゅう日　／

1回目　／100点　答えは100ページ　2回目　／100点

できた！

算数

1 えんぴつは60円です。けしゴムはえんぴつより30円高《たか》いです。けしゴムは何《なん》円ですか。

（図…5点《てん》　しき…10点　答え…10点）

〈図〉

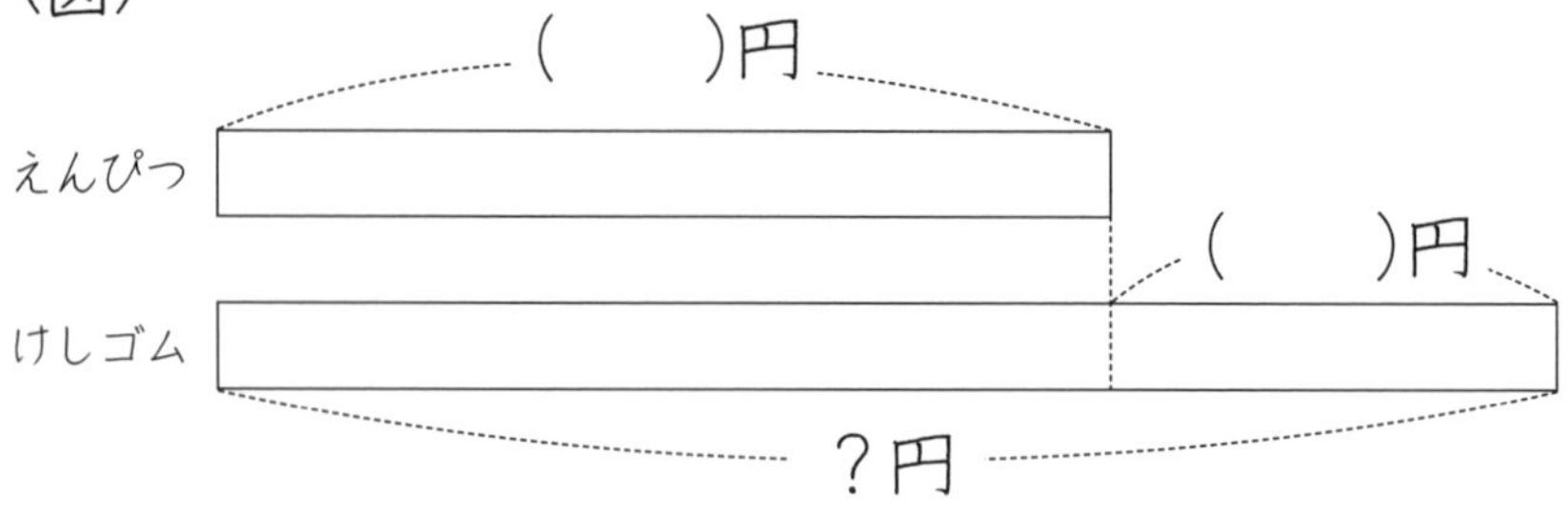

（しき）

答《こた》え

2 ぼくはカードを50まいもっています。弟《おとうと》はぼくより15まい少《すく》ないです。弟のカードは何まいですか。

（図…5点　しき…10点　答え…10点）

〈図〉

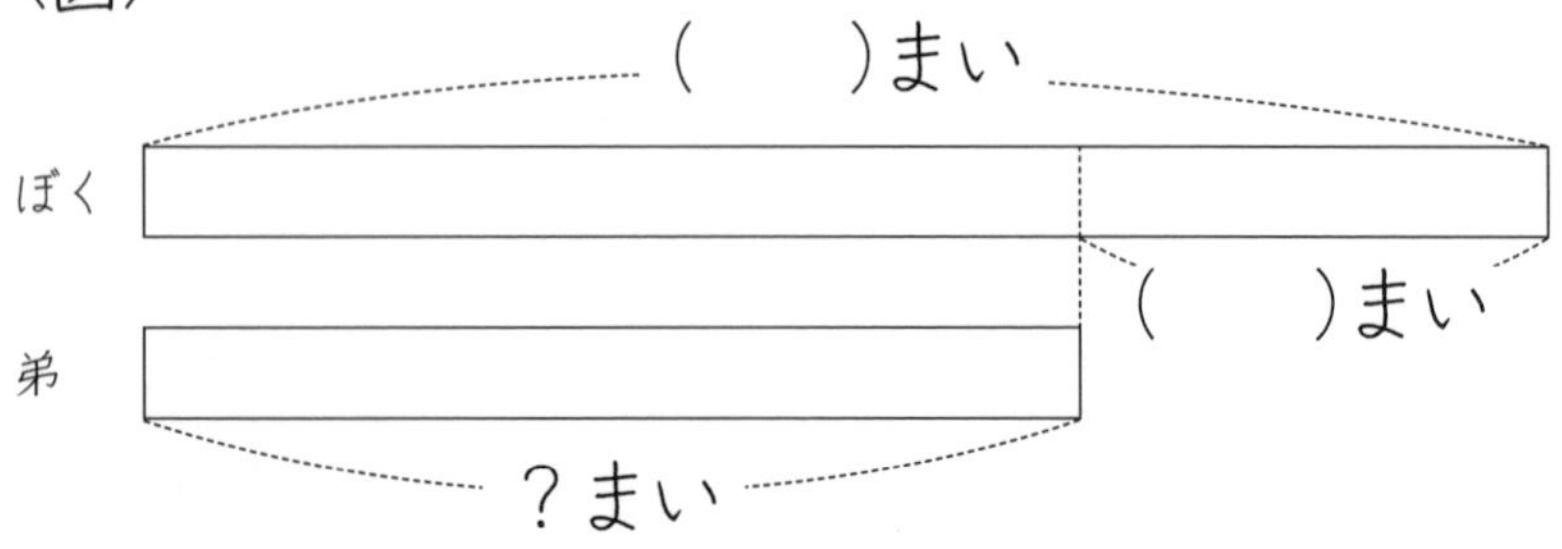

（しき）

答え

3 おこづかいが150円あります。おやつを買《か》ったので、のこりが80円になりました。おやつは何円でしたか。

（図…5点　しき…10点　答え…10点）

〈図〉

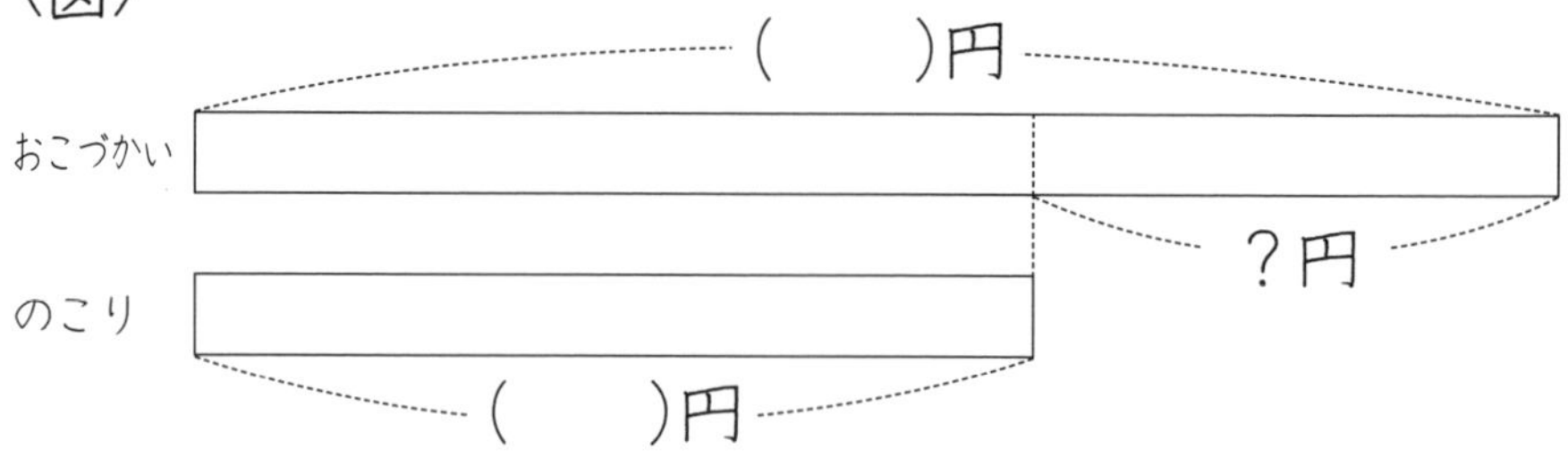

（しき）

答え

4 兄《あに》のあめ玉は23こです。ぼくが自分《じぶん》のあめ玉を８こ食《た》べると、兄と同《おな》じ数になります。ぼくは何こもっていますか。

（図…5点　しき…10点　答え…10点）

〈図〉

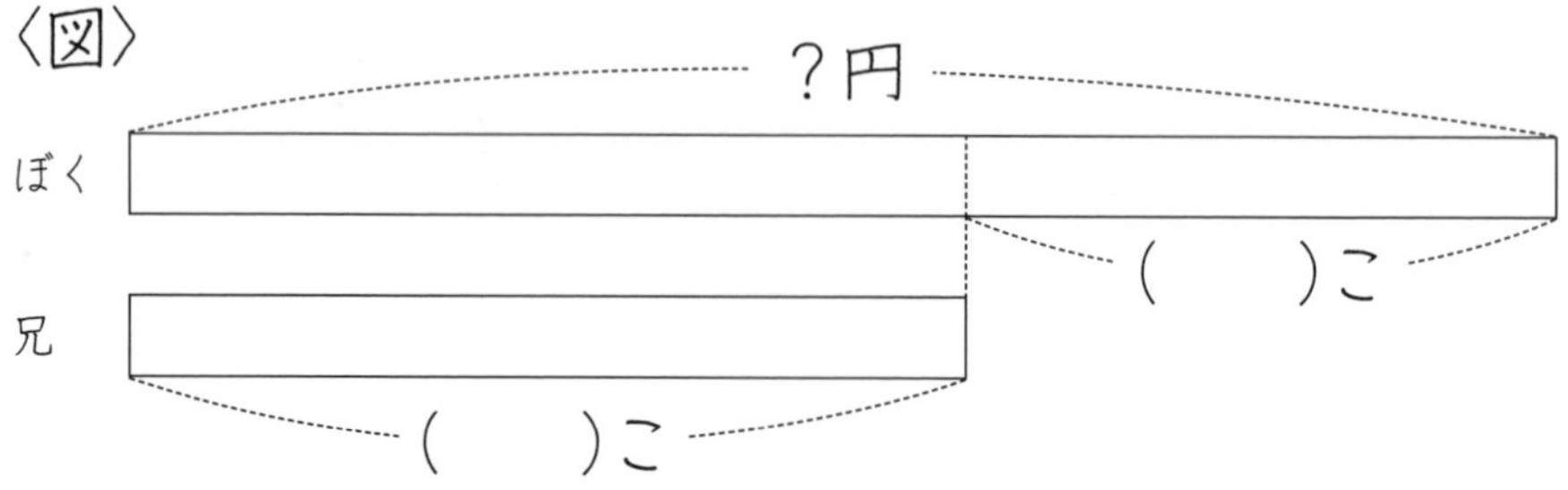

（しき）

答え

23 長さ（cm、mm）①

学しゅう日　／

1回目　／100点

答えは101ページ

2回目　／100点

できた！

1 ㋐～㋔の５本のストローの長《なが》さをはかります。それぞれの長さをかきましょう。　（1もん10点《てん》）

㋐
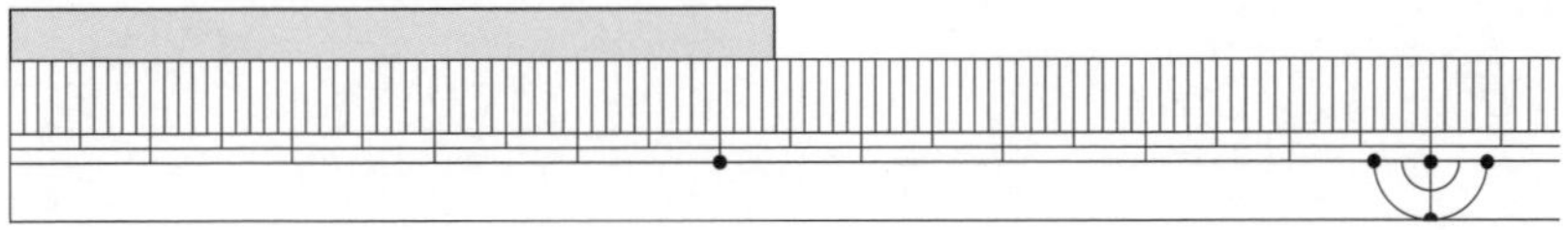

（　　　　　　　　）

㋑
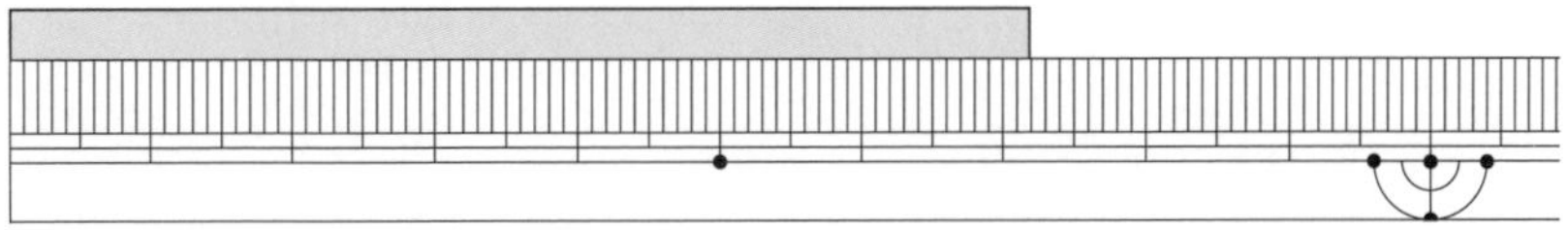

（　　　　　　　　）

㋒
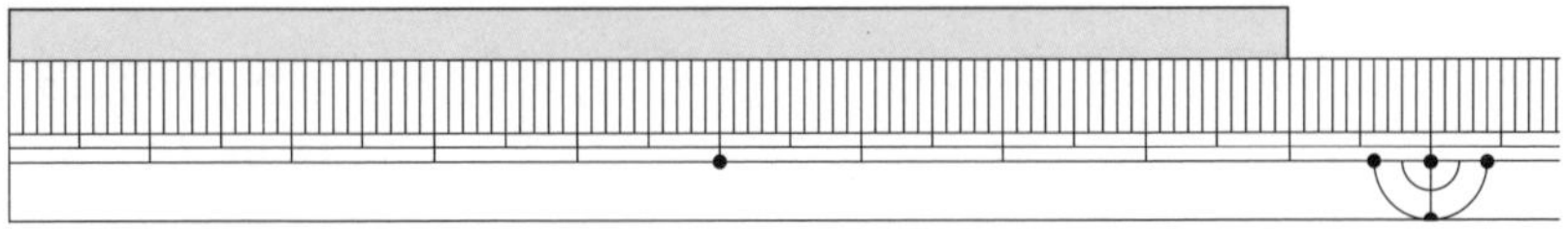

（　　　　　　　　）

㋓
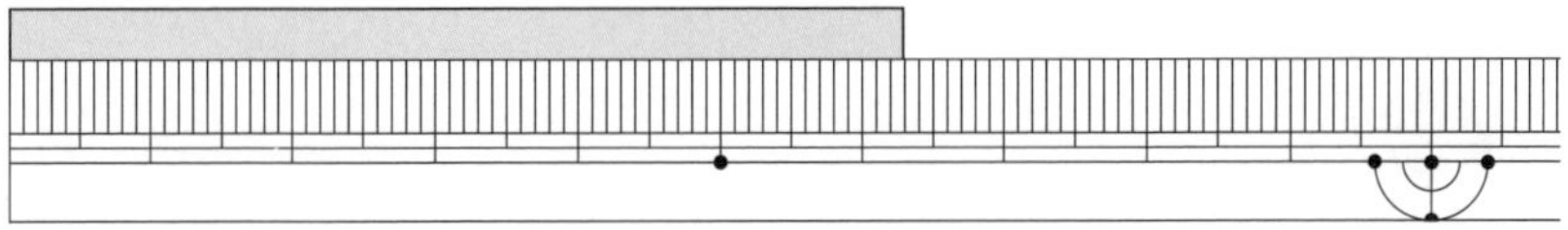

（　　　　　　　　）

㋔
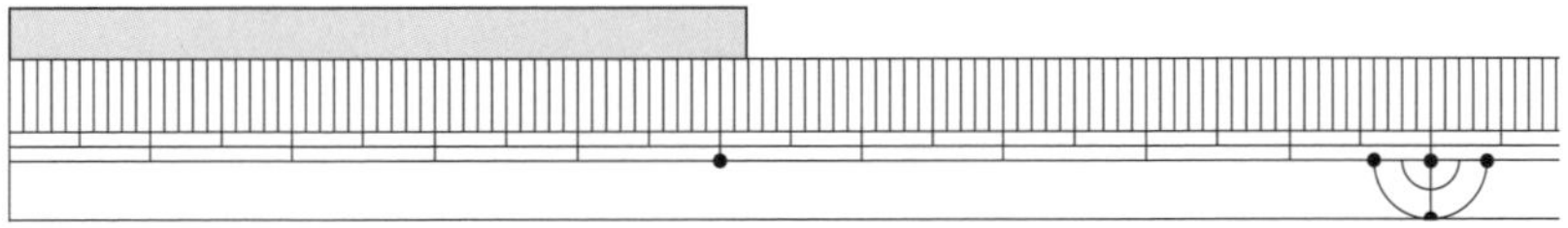

（　　　　　　　　）

2 つぎの長さをはかりましょう。　（1もん10点）

①
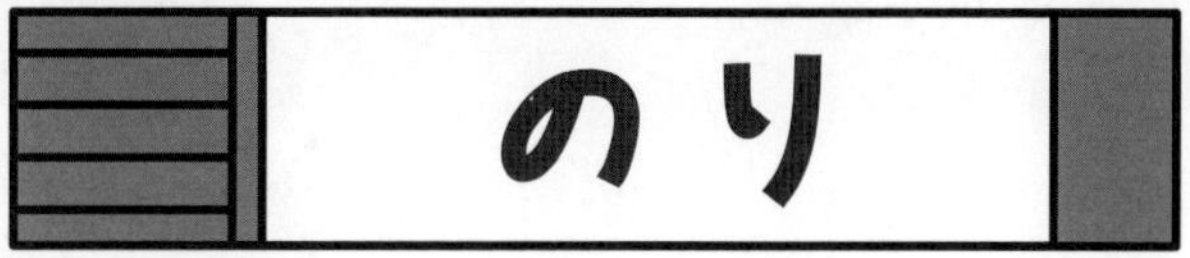

答《こた》え ＿＿＿＿＿＿＿＿

②
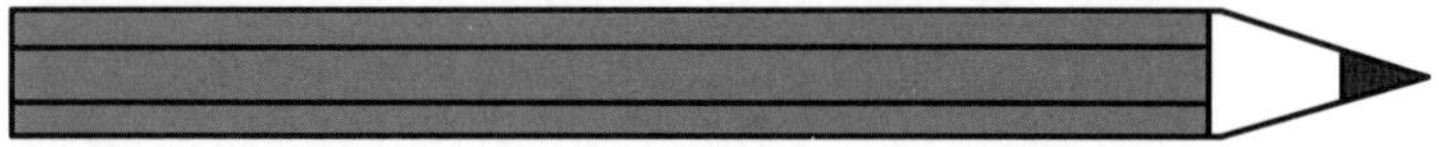

答え ＿＿＿＿＿＿＿＿

3 ①、②、③の３本のストローで三角にしました。長さをはかって、それぞれの長さをかきましょう。　（1つ10点）

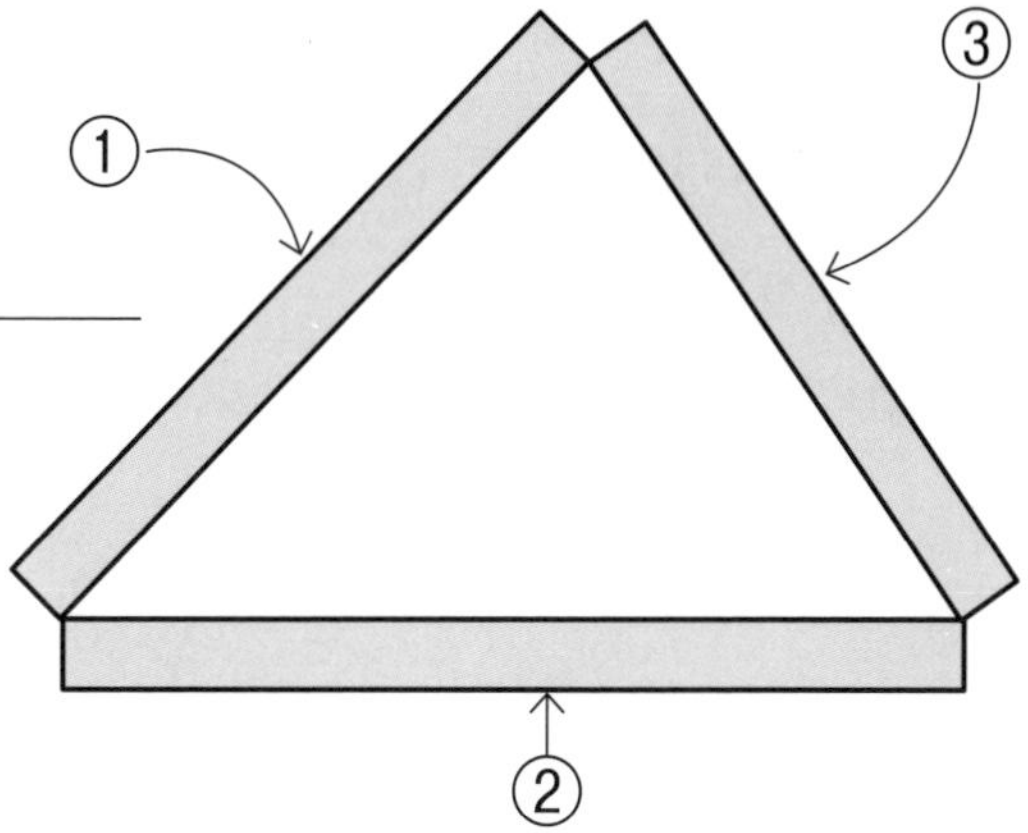

① ＿＿＿＿＿＿＿＿

② ＿＿＿＿＿＿＿＿

③ ＿＿＿＿＿＿＿＿

24 長さ（cm、mm）②

1 右の三角形《さんかくけい》のまわりを１しゅうすると、何《なん》cmですか。

（しき…10点《てん》　答え…10点）

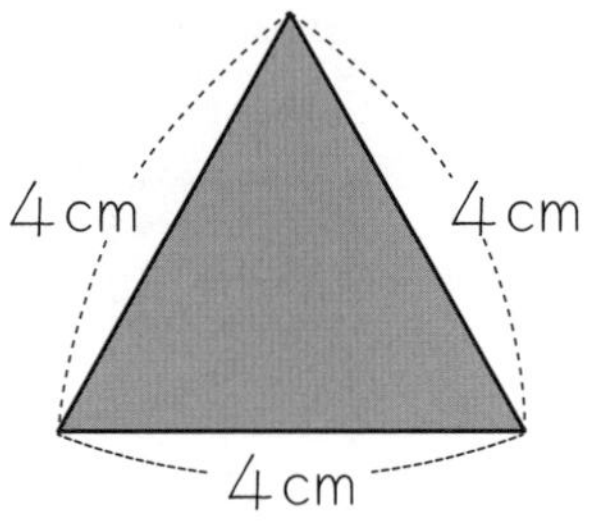

（しき）

答《こた》え ＿＿＿＿＿＿＿＿

2 左の正方形《せいほうけい》のまわりを１しゅうすると、何cmですか。また、それは何mmですか。

（しき…10点　答え…10点）

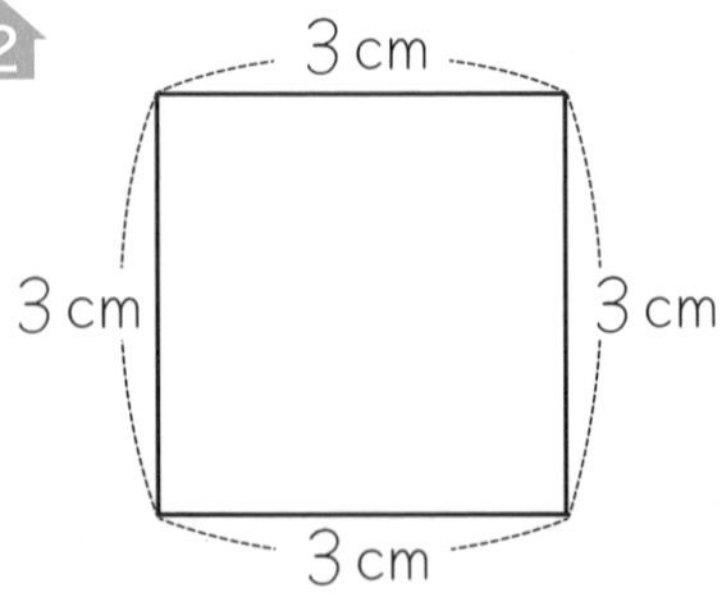

（しき）

答え ＿＿＿＿＿＿＿＿

3 右の五角形のまわりを２しゅうすると何cmですか。また、それは何mmですか。

（しき…10点《てん》　答え…10点）

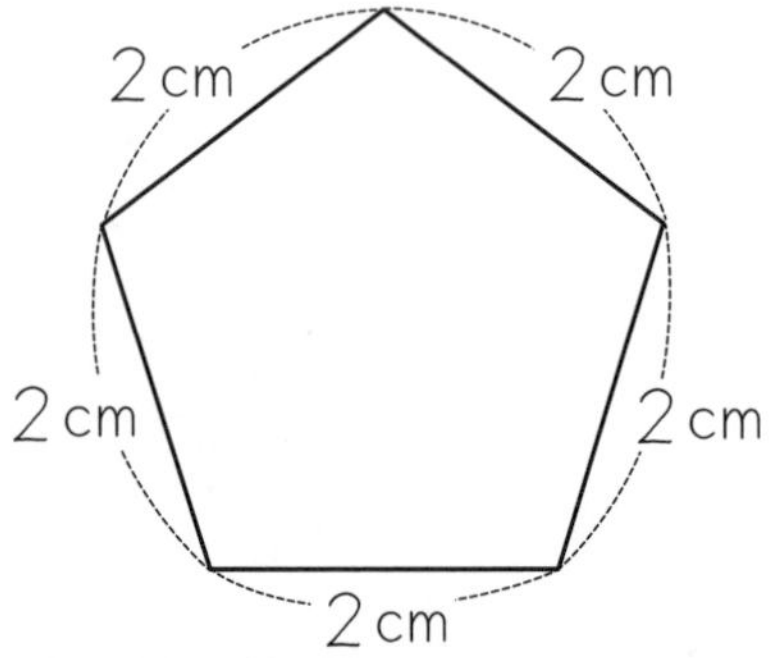

（しき）

答え ＿＿＿＿＿＿＿＿

4 ㋐ー㋑ー㋒のおれ線《せん》の長さは、何cm何mmですか。また、それは何mmですか。

（しき…10点　答え…10点）

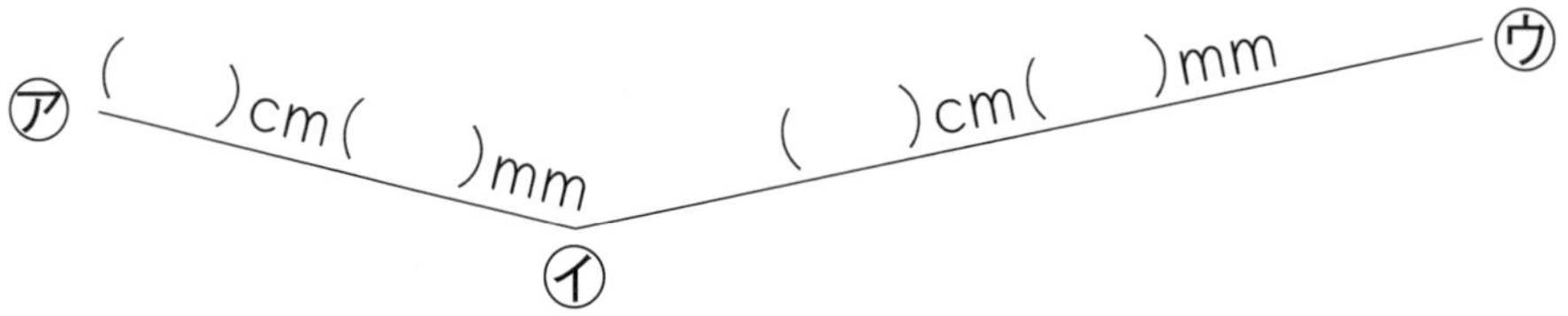

（しき）

答え ＿＿＿＿＿＿＿＿

5 下の図《ず》の線をぜんぶ通《とお》ると何cm何mmですか。また、それは何mmですか。

（しき…10点　答え…10点）

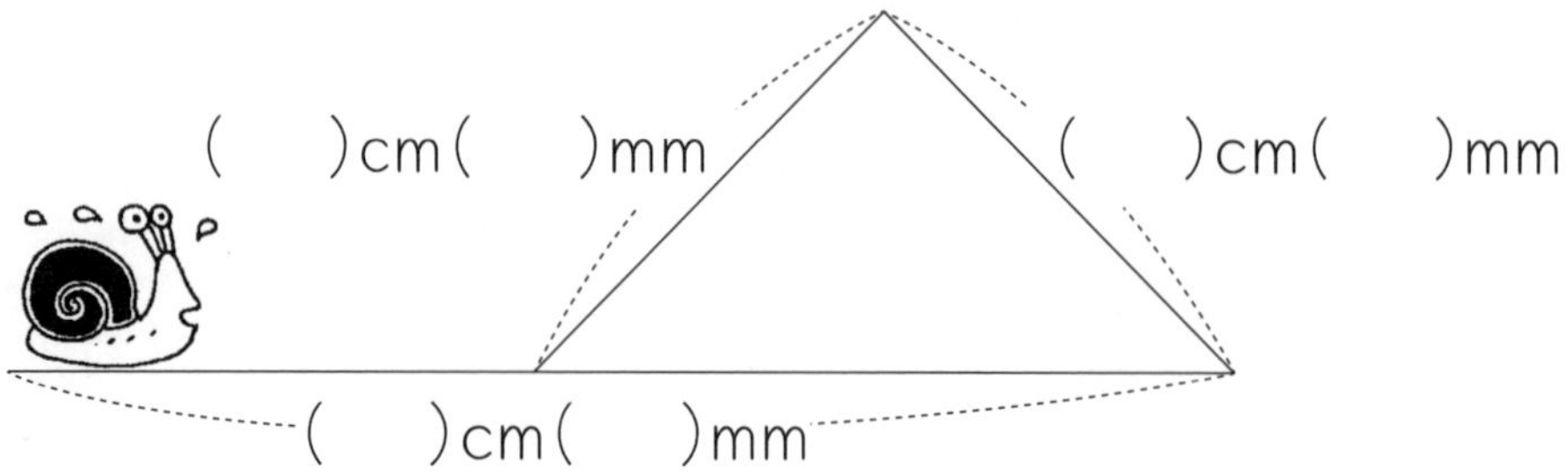

（しき）

答え ＿＿＿＿＿＿＿＿

答えは101ページ

1 □にあてはまる数《かず》をかきましょう。 （1もん5点《てん》）

① 1mは、1cmが □ こあつまった長《なが》さです。

② 1mより、40cmみじかい長さは、□ cmです。

③ 1mものさしで7つ分《ぶん》の長さは、□ mです。

④ 100cm＝□ m

2 （　　）にあてはまる長さのたんいをかきましょう。

（1もん5点）

① 算数《さんすう》のノートのあつさ

…………5（　　）

② 学校のプールのたての長さ

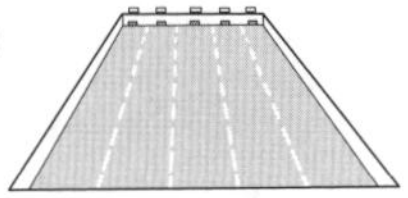

…………25（　　）

③ 学校のつくえの高《たか》さ

…………75（　　）

④ 黒《こく》ばんのよこの長さ

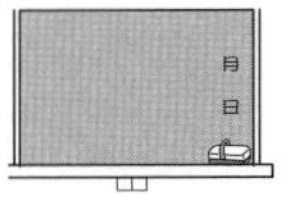

…………3（　　）

3 □にあてはまる数をかきましょう。 （1もん6点）

① 200cm ＝ □ m

② 180cm ＝ □ m □ cm

③ 507cm ＝ □ m □ cm

④ 318cm ＝ □ m □ cm

⑤ 403cm ＝ □ m □ cm

⑥ 4m20cm ＝ □ cm

⑦ 7m7cm ＝ □ cm

⑧ 5m88cm ＝ □ cm

⑨ 10m ＝ □ cm

⑩ 3m5cm ＝ □ cm

26 長さ（m、cm）④

1 □にあてはまる数《かず》をかきましょう。（1もん5点《てん》）

① 1mより40cm長《なが》い長さは □ cmです。

② 1mより25cmみじかい長さは □ cmです。

③ 1mものさしで5本分の長さは □ cmです。

④ 30cmものさしで4本分の長さは □ cmで、□ m □ cmです。

2 □にあてはまる数をかきましょう。（1もん5点）

① 250cm ＝ □ m □ cm

② 307cm ＝ □ m □ cm

③ 124cm ＝ □ m □ cm

④ 3m24cm ＝ □ cm

⑤ 9m1cm ＝ □ cm

3 つぎの計算《けいさん》をしましょう。（1もん5点）

① 3m40cm＋5m17cm＝

② 47m19cm＋18m57cm＝

③ 3m30cm＋5m70cm＝

④ 8m50cm－2m70cm＝

⑤ 17m41cm－9m58cm＝

4 のりこさんは25mのプールを、はしからはしまで、2回《かい》およぎました。あわせて何mおよぎましたか。

（しき…10点　答え…5点）

（しき）

答え ＿＿＿＿＿＿

5 8m40cmのリボンがあります。工作《こうさく》でつかったあとにはかると、リボンは4m10cmのこっていました。
工作でどれだけの長さをつかいましたか。

（しき…10点　答え…5点）

（しき）

答え ＿＿＿＿＿＿

27 水のかさ（L、dL）①

学しゅう日 ／

1回目 ／100点　答えは101ページ　2回目 ／100点　できた！

1 つぎの水とうの図《ず》を見て答《こた》えましょう。

① それぞれの水とうの水のかさを答えましょう。（（　）…1つ10点《てん》）

㋐

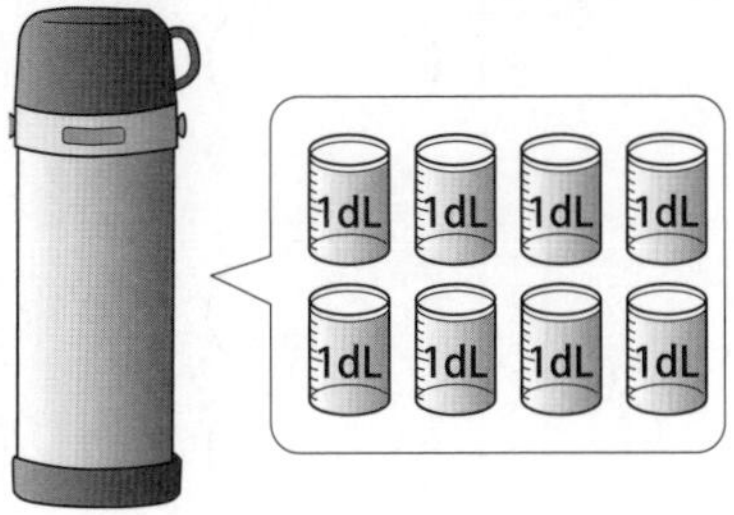

㋑

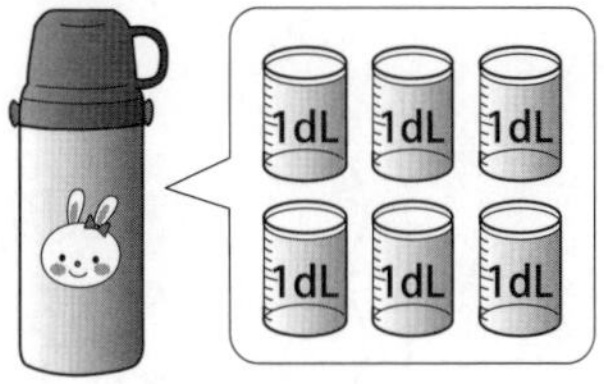

（　　　　）dL　　（　　　　）dL

② どちらの水かさがどれだけ多《おお》いですか。（（　）…1つ10点）

（　　　　）の方《ほう》が（　　　　）多い

2 つぎの入れものに入る水のかさを答えましょう。（1もん10点）

①

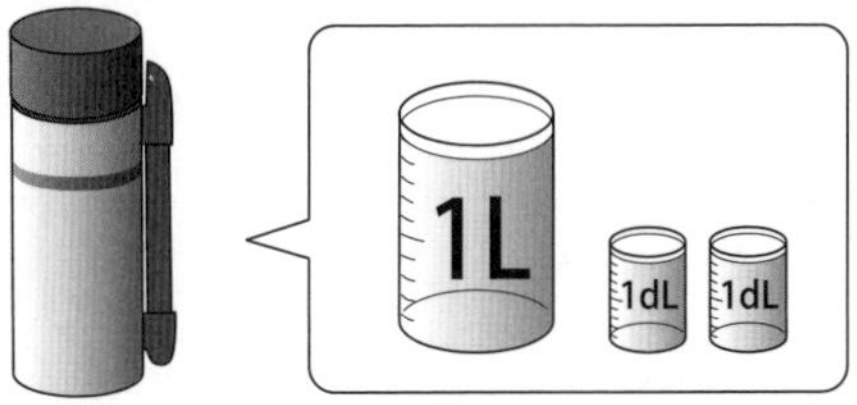

□L □dL

②

□L □dL

3 つぎのかさは、何L何dLですか。（1もん10点）

①

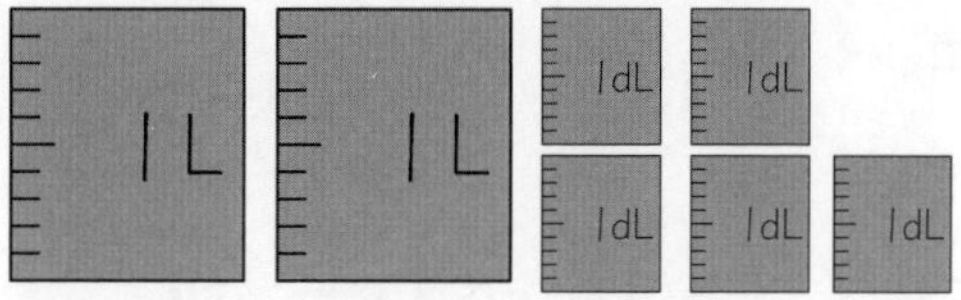

答《こた》え＿＿＿＿＿＿

②

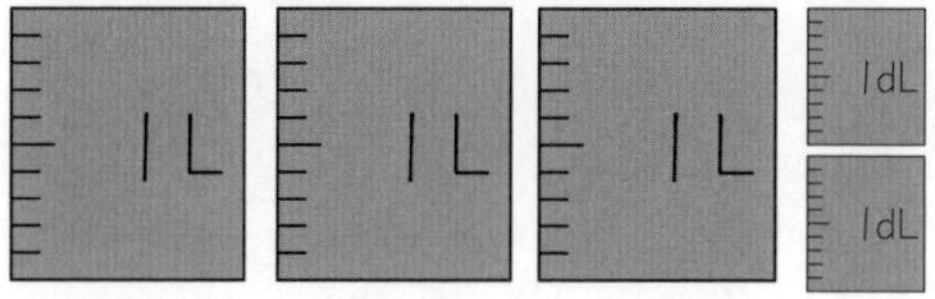

答え＿＿＿＿＿＿

③

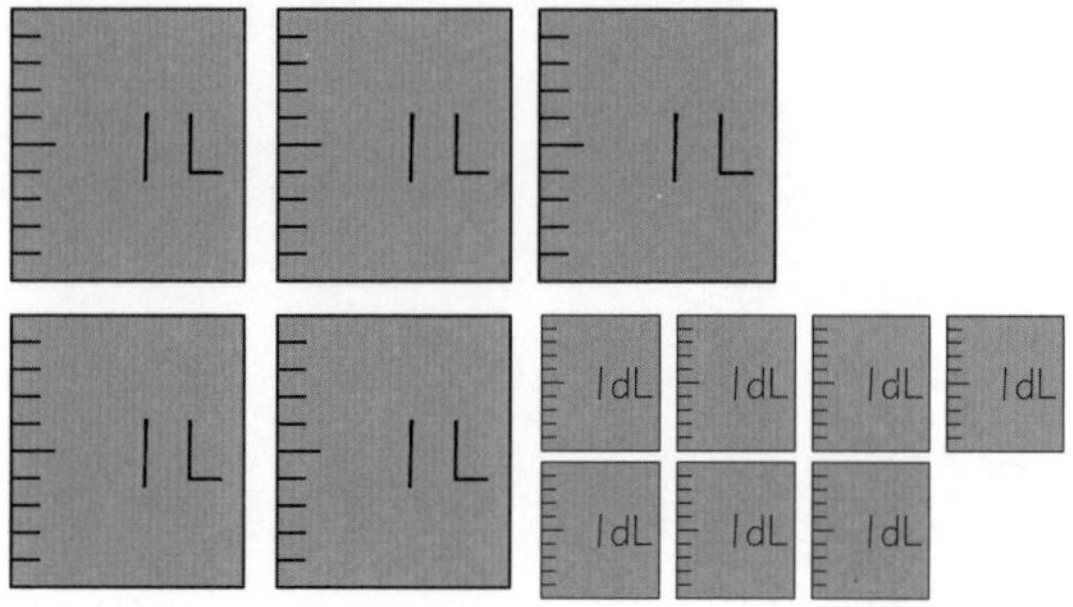

答え＿＿＿＿＿＿

④

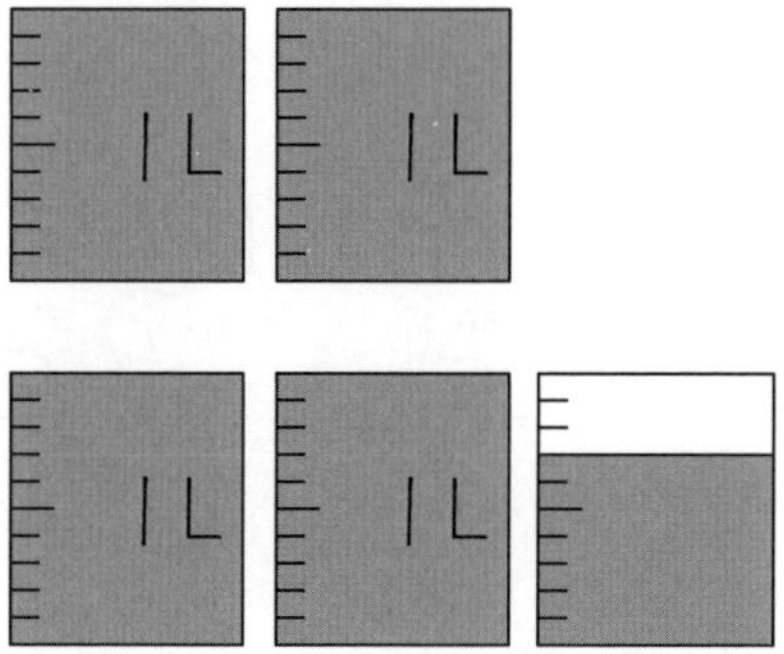

答え＿＿＿＿＿＿

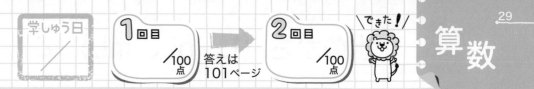

28 水のかさ（L、dL、mL）②

学しゅう日　／

1回目　／100点　答えは102ページ　2回目　／100点

答えは102ページ

1 つぎの計算《けいさん》をしましょう。（1もん5点《てん》）

① 2L＋3L＝　　② 6L－2L＝

③ 4L＋5L＝　　④ 8L－4L＝

⑤ 6L＋5L＝　　⑥ 10L－7L＝

⑦
　7L 2dL
＋　 5dL

⑧
　5L 6dL
＋　 6dL

⑨
　4L 3dL
＋　 7dL

⑩
　4L 7dL
－　 6dL

⑪
　3L 5dL
－　 8dL

⑫
　5L 1dL
－　 9dL

2 2つのかさをくらべ、多《おお》い方《ほう》に○をしましょう。（1もん4点）

① （　　）㋐ 430mL　（　　）㋑ 4L

② （　　）㋐ 2L　（　　）㋑ 1800mL

③ （　　）㋐ 7dL　（　　）㋑ 670mL

④ （　　）㋐ 19dL　（　　）㋑ 2000mL

3 つぎの□にあてはまる数《かず》をかきましょう。（1もん4点）

① 1Lは□dLです。

② 1Lは□mLです。

③ 2000mLは□Lで、□dLです。

④ 3Lは□dLで、□mLです。

⑤ 4L3dLは□dLで、□mLです。

⑥ 200mLは□dLです。

29 水のかさ（L、dL、mL）③

学しゅう日　／

1回目　／100点　答えは102ページ　2回目　／100点

1 つぎのかさのたんいをなおしましょう。　(1もん5点《てん》)

① 1L8dL＝□dL

② 3L4dL＝□dL

③ 48dL＝□L□dL

④ 235dL＝□L□dL

⑤ 7000mL＝□L

⑥ 10000mL＝□L

⑦ 2400mL＝□L□mL

⑧ 2dL＝□mL

2 つぎの計算《けいさん》をしましょう。　(1もん5点)

① 2L ＋ 1L5dL

② 3L4dL ＋ 2dL

③ 4L5dL － 3L

④ 2L7dL － 6dL

3 つぎの計算をひっ算でしましょう。　(1もん10点)

① 4L3dL＋2L

＋

② 2L5dL＋6dL

＋

③ 6L5dL－3dL

－

④ 3L2dL－4dL

－

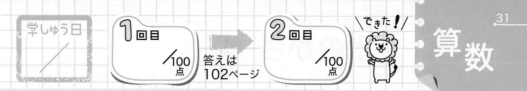

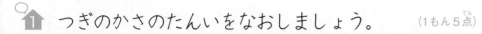

30 水のかさ ④

学しゅう日 ／

1回目 ／100点

答えは102ページ

2回目 ／100点

1 1L5dLのペットボトルと5dLのペットボトルに入ったお茶《ちゃ》があります。 (しき…5点《てん》　答え…5点)

① あわせると何《なん》Lですか。

(しき)

答《こた》え ＿＿＿＿＿＿

② ちがいは何Lですか。

(しき)

答え ＿＿＿＿＿＿

2 ジュースが1Lありました。3dLのむと、のこりは何dLですか。(1L＝10dL) (しき…5点　答え…5点)

(しき)

答え ＿＿＿＿＿＿

3 3L入りのやかんのお茶を1L5dLのペットボトルにつめました。やかんのお茶は、何L何dLのこっていますか。 (しき…5点　答え…5点)

(しき)

答え ＿＿＿＿＿＿

4 ジュースが1Lあります。3つのコップに2dLずつ入れると、のこりは何dLですか。 (しき…10点　答え…10点)

(しき)

答え ＿＿＿＿＿＿

5 サラダオイルが5Lあります。2本のペットボトルに1L5dLずつ入れると、のこりは何Lですか。

(しき…10点　答え…10点)

(しき)

答え ＿＿＿＿＿＿

6 アルコールが3000mLあります。4本のびんに500mLずつ入れると、のこりは何mLですか。

(しき…10点　答え…10点)

(しき)

答え ＿＿＿＿＿＿

31 かけ算 ①

学しゅう日　／

1回目　／100点
答えは102ページ
2回目　／100点
できた！

かけ算《ざん》をしましょう。　（1もん2点《てん》）

① $4\times5=$

② $6\times2=$

③ $5\times7=$

④ $2\times4=$

⑤ $6\times6=$

⑥ $9\times5=$

⑦ $3\times3=$

⑧ $5\times6=$

⑨ $2\times8=$

⑩ $4\times1=$

⑪ $9\times9=$

⑫ $5\times3=$

⑬ $2\times3=$

⑭ $7\times1=$

⑮ $3\times8=$

⑯ $1\times1=$

⑰ $8\times5=$

⑱ $2\times9=$

⑲ $7\times5=$

⑳ $4\times4=$

㉑ $1\times6=$

㉒ $5\times4=$

㉓ $2\times5=$

㉔ $4\times8=$

㉕ $6\times4=$

㉖ $2\times7=$

㉗ $8\times6=$

㉘ $3\times7=$

㉙ $6\times9=$

㉚ $4\times7=$

㉛ $9\times3=$

㉜ $8\times4=$

㉝ $7\times9=$

㉞ $6\times3=$

㉟ $5\times5=$

㊱ $8\times3=$

㊲ $4\times6=$

㊳ $3\times4=$

㊴ $8\times9=$

㊵ $2\times2=$

㊶ $7\times4=$

㊷ $8\times2=$

㊸ $9\times6=$

㊹ $3\times5=$

㊺ $7\times3=$

㊻ $9\times4=$

㊼ $6\times8=$

㊽ $7\times7=$

㊾ $3\times9=$

㊿ $8\times7=$

32 かけ算 ②

学しゅう日 ／

1回目 ／100点

答えは102ページ

2回目 ／100点

できた！

かけ算《ざん》をしましょう。 (1もん2点《てん》)

① 3×2＝

② 6×7＝

③ 3×8＝

④ 9×7＝

⑤ 5×2＝

⑥ 6×1＝

⑦ 9×8＝

⑧ 3×6＝

⑨ 4×9＝

⑩ 7×6＝

⑪ 9×2＝

⑫ 8×8＝

⑬ 7×8＝

⑭ 2×6＝

⑮ 4×3＝

⑯ 6×5＝

⑰ 1×8＝

⑱ 7×2＝

⑲ 5×8＝

⑳ 4×4＝

㉑ 8×1＝

㉒ 3×9＝

㉓ 1×7＝

㉔ 5×9＝

㉕ 1×2＝

㉖ 9×4＝

㉗ 2×7＝

㉘ 5×5＝

㉙ 4×7＝

㉚ 6×9＝

㉛ 8×4＝

㉜ 3×5＝

㉝ 4×2＝

㉞ 1×3＝

㉟ 5×6＝

㊱ 8×3＝

㊲ 9×1＝

㊳ 7×9＝

㊴ 6×8＝

㊵ 3×7＝

㊶ 4×6＝

㊷ 2×1＝

㊸ 7×5＝

㊹ 1×4＝

㊺ 8×9＝

㊻ 3×1＝

㊼ 8×6＝

㊽ 7×7＝

㊾ 9×6＝

㊿ 7×4＝

33 かけ算 ③

学しゅう日 ／

1回目 ／100点

答えは103ページ

2回目 ／100点

1 1週間《しゅうかん》は7日あります。4週間は何《なん》日ですか。（しき…5点《てん》　答え…5点）

（しき）

答《こた》え

2 せみには足が6本あります。せみ6ぴき分の足は、ぜんぶで何本ですか。（しき…5点　答え…5点）

（しき）

答え

3 さくらもちが1さらに3こずつあります。7さら分《ぶん》あるとき、ぜんぶで何こですか。（しき…5点　答え…5点）

（しき）

答え

4 8こ入りのキャラメルが7はこあります。キャラメルは、ぜんぶで何こですか。（しき…5点　答え…5点）

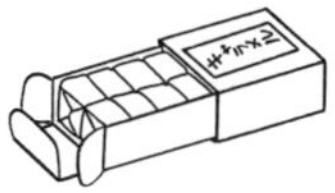

（しき）

答え

5 5mの5ばいの長《なが》さは、何mですか。（しき…5点　答え…5点）

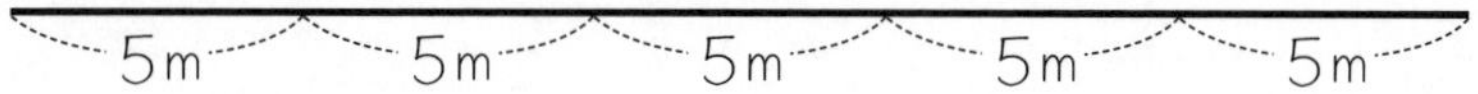

（しき）

答え

6 ふうせんを9こずつたばねたものを5たばつくりました。ふうせんは、ぜんぶで何こですか。（しき…5点　答え…5点）

（しき）

答え

7 三りん車が4台《だい》あります。車りんは、ぜんぶで何こですか。（しき…5点　答え…5点）

（しき）

答え

8 つぎの計算《けいさん》をしましょう。（1もん5点）

① 7×2＝　　② 9×9＝

③ 4×5＝　　④ 7×6＝

⑤ 7×8＝　　⑥ 5×5＝

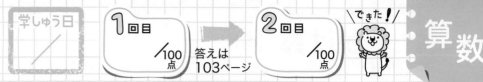

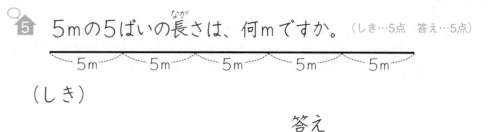

34 かけ算 ④

学しゅう日　／

1回目　／100点

答えは103ページ

2回目　／100点

1　3mの4ばいの長《なが》さは何《なん》mですか。　(しき…5点《てん》　答え…5点)

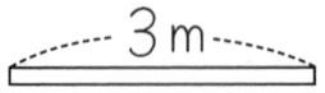

(しき)

答《こた》え ＿＿＿＿＿＿＿＿

2　8人がけの長いすが6つあります。ぜんぶで何人まですわれますか。　(しき…5点　答え…5点)

(しき)

答え ＿＿＿＿＿＿＿＿

3　1はこ4こ入りのゼリーが、4はこあります。ゼリーはぜんぶで何こですか。　(しき…5点　答え…5点)

(しき)

答え ＿＿＿＿＿＿＿＿

4　牛《ぎゅう》にゅうパックのよこはばは7cmです。6パックをつけてならべると、何cmになりますか。　(しき…5点　答え…5点)

(しき)

答え ＿＿＿＿＿＿＿＿

5　クッキーを1人に6こずつ5人にくばると、2このこります。クッキーはぜんぶで何こありますか。

(しき…10点　答え…10点)

(しき)

答え ＿＿＿＿＿＿＿＿

6　トランプを1人に7まいずつ6人にくばると、10まいのこりました。トランプは、はじめ何まいありましたか。　(しき…10点　答え…10点)

(しき)

答え ＿＿＿＿＿＿＿＿

7　花を4本ずつ花びんに入れると8つの花びんに入り、3本のこりました。花はぜんぶで何本ありましたか。　(しき…10点　答え…10点)

(しき)

答え ＿＿＿＿＿＿＿＿

35 かけ算 ⑤

学しゅう日　／

1回目　／100点　答えは103ページ　2回目　／100点

1 めがね1つにレンズは2まいです。めがね8つではレンズはぜんぶで何《なん》まいですか。（しき…5点《てん》　答え…5点）

（しき）

答《こた》え

2 ドーナツが5こずつ入ったはこが8はこあります。ドーナツはぜんぶで何こですか。（しき…5点　答え…5点）

（しき）

答え

3 4こ入りのクッキーが8ふくろあります。クッキーはぜんぶで何こですか。（しき…5点　答え…5点）

（しき）

答え

4 長《なが》いロープから3mのロープがちょうど5本切りとれました。はじめのロープの長さは何mありましたか。（しき…5点　答え…5点）

（しき）

答え

5 1週間《しゅうかん》は7日です。3週間と4日では何日ですか。（しき…10点　答え…10点）

（しき）

答え

6 長いすが4きゃくあります。子どもが6人ずつすわると2人が立つことになりました。子どもはぜんぶで何人いますか。（しき…10点　答え…10点）

（しき）

答え

7 つくえのよこの長さを8cmのえんぴつではかると、6本分《ぽんぶん》おけて、のこりが3cmでした。このつくえのよこの長さは、何cmありますか。（しき…10点　答え…10点）

（しき）

答え

36 かけ算 ⑥

学しゅう日　／

1回目　／100点　答えは103ページ　2回目　／100点

できた!

1 つぎのひょうは、九九のひょうからつくりました。(あ)～(お)と㋐～㋔にあてはまる九九の数字《すうじ》をかきましょう。 (□…1つ2点《てん》)

×	かける数《かず》				
	(あ)	(い)	(う)	(え)	(お)
かけられる数 ㋐	2	3	4	5	6
㋑	4	6	8	10	12
㋒	6	9	12	15	18
㋓	8	12	16	20	24
㋔	10	15	20	25	30

2 つぎのかけ算のひょうの(あ)～(え)と㋐～㋓にあてはまる九九の数字をかきましょう。 (□…1つ5点)

①

×	かける数			
	(あ)	(い)	(う)	(え)
かけられる数 ㋐	12	20	28	36
㋑	15	25	35	45
㋒	24	40	56	72
㋓	27	45	63	81

②

×	かける数			
	(あ)	(い)	(う)	(え)
かけられる数 ㋐	24	18	15	6
㋑	32	24	20	8
㋒	64	48	40	16
㋓	72	54	45	18

37 直角三角形・四角形 ①

1 三角《さんかく》じょうぎの直角《ちょっかく》をつかって、下の三角形《さんかくけい》から直角三角形を5つ見つけ、記《き》ごうで答《こた》えましょう。（1つ5点《てん》）

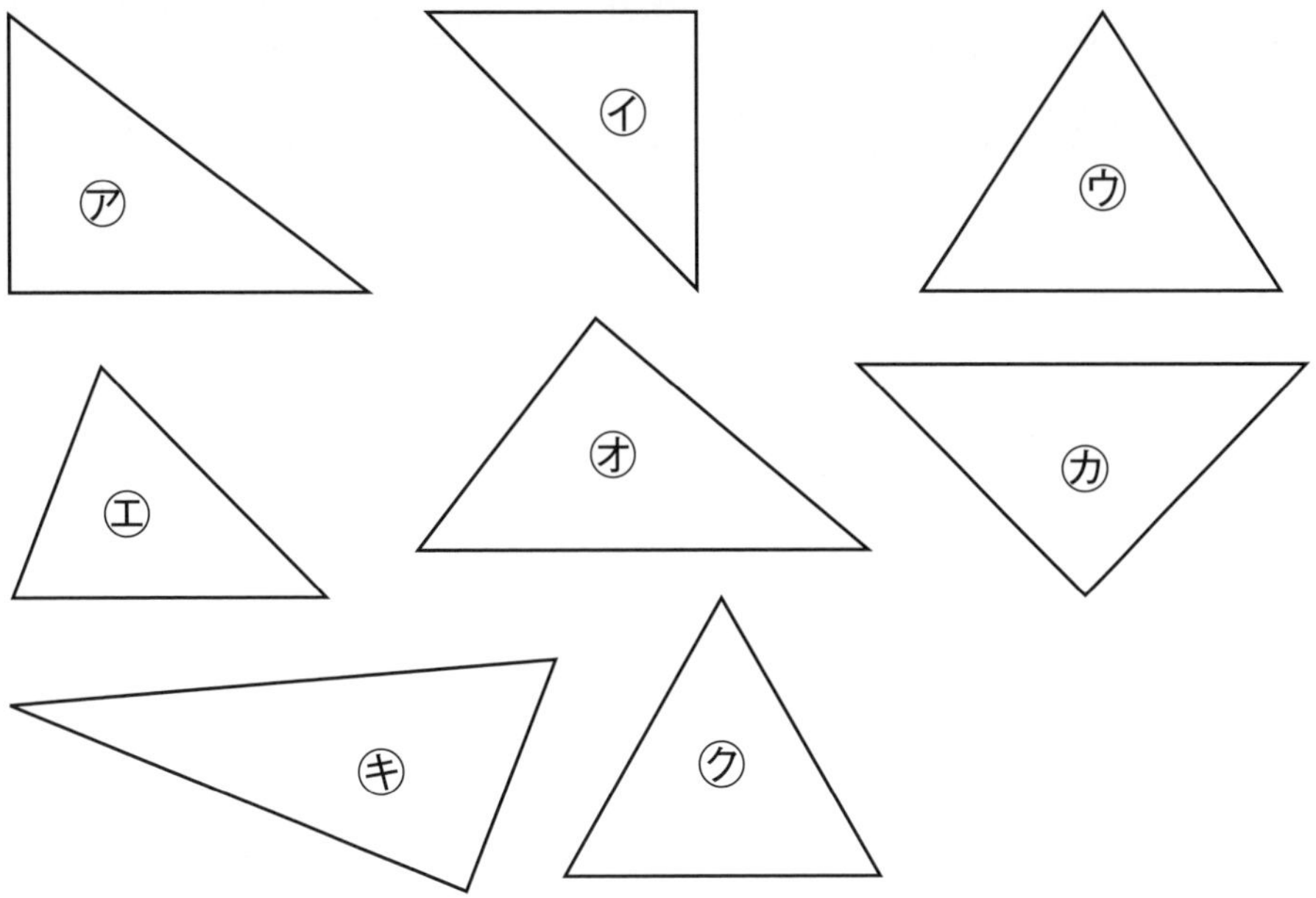

答《こた》え ＿＿＿＿＿＿＿＿

2 □にあてはまる数《かず》やことばをかきましょう。（1もん5点）

① 三角形のちょう点の数は □ つです。

② 三角形の □ の数は3本です。

③ 三角形の角の数は □ つです。

3 □にあてはまる数やことばをかきましょう。（1もん6点）

① 四角形のちょう点の数は □ つです。

② 四角形の □ の数は4本です。

③ 四角形の角の数は □ つです。

4 つづきのへんを2本かいて長方形《ちょうほうけい》や正方形《せいほうけい》にしましょう。（1つ6点）

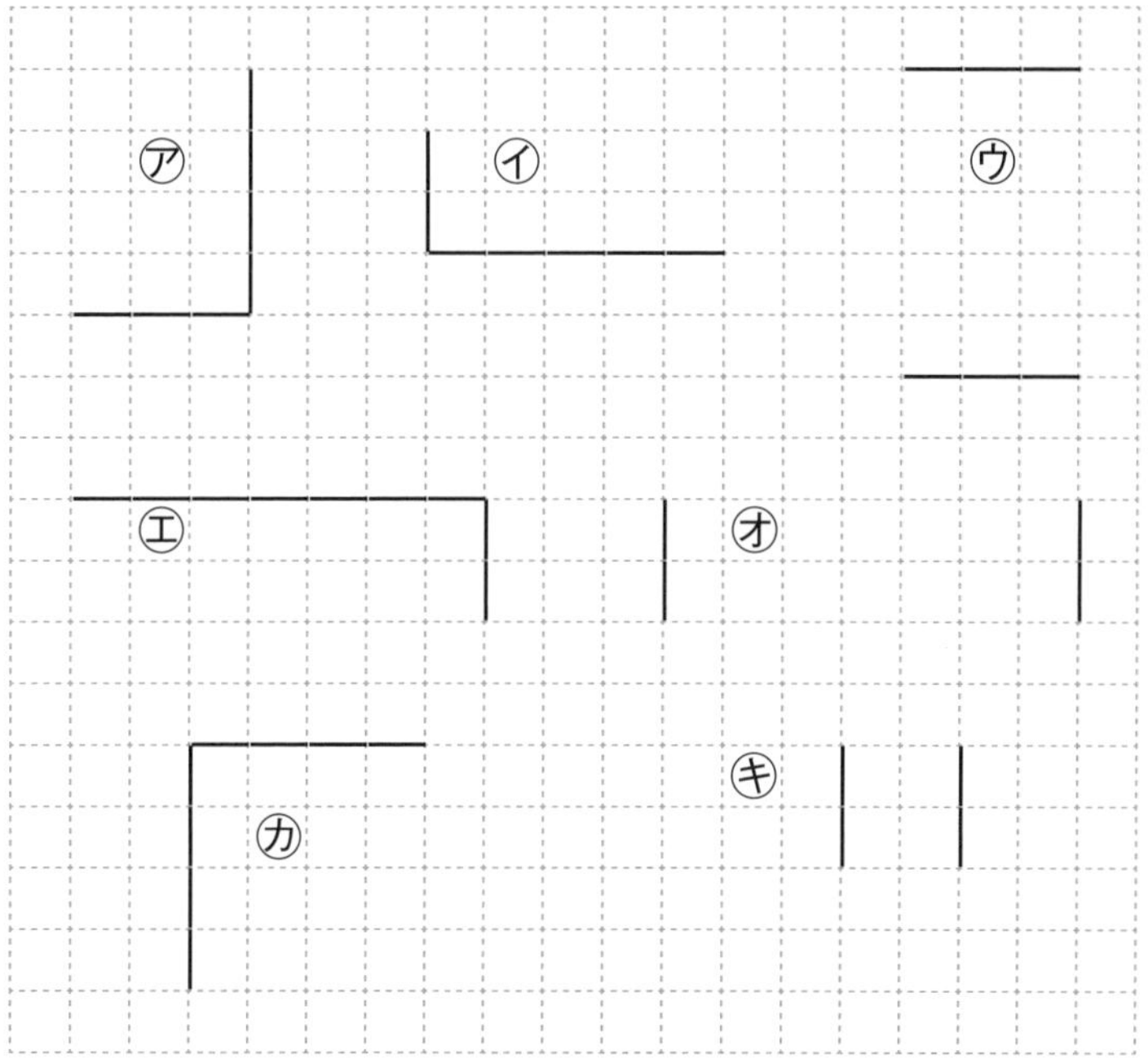

38 直角三角形・四角形 ②

答えは103ページ

1 つぎの図《ず》の中から、直角三角形《ちょっかくさんかくけい》、長方形《ちょうほうけい》、正方形《せいほうけい》を見つけましょう。 (1つ5点《てん》)

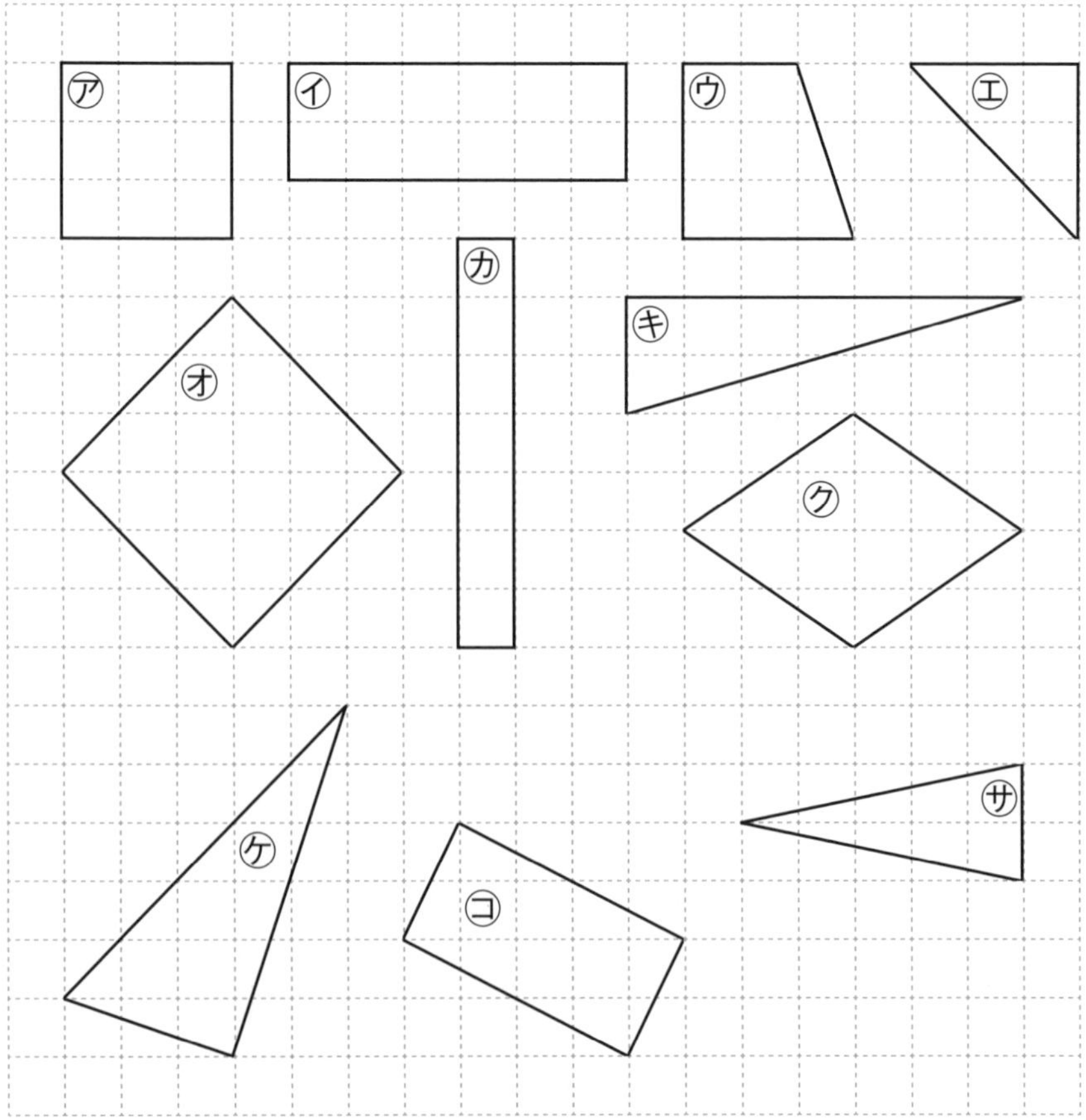

直角三角形 ＿＿＿＿＿＿＿＿

長方形 ＿＿＿＿＿＿＿＿

正方形 ＿＿＿＿＿＿＿＿

2 つぎの5mmほうがんに、きめられた長《なが》さの長方形や正方形をかきましょう。 (1もん15点)

① たて20mm、よこ35mmの長方形

② たて35mm、よこ25mmの長方形

③ 4つのへんの長さがそれぞれ25mmの正方形

④ 4つのへんの長さがそれぞれ30mmの正方形

39 はこの形 ①

学しゅう日 ／

1回目 ／100点　答えは104ページ　2回目 ／100点　できた！

答えは104ページ

1 竹ひごとねん土玉をつかって、はこの形《かたち》を作《つく》ります。□にあてはまる数《かず》やことばをかきましょう。

（□…1つ5点《てん》）

① どんな長《なが》さの竹ひごを何《なん》本ずつよういするといいですか。

6cmの竹ひご □ 本

4cmの竹ひご □ 本

8cmの竹ひご □ 本

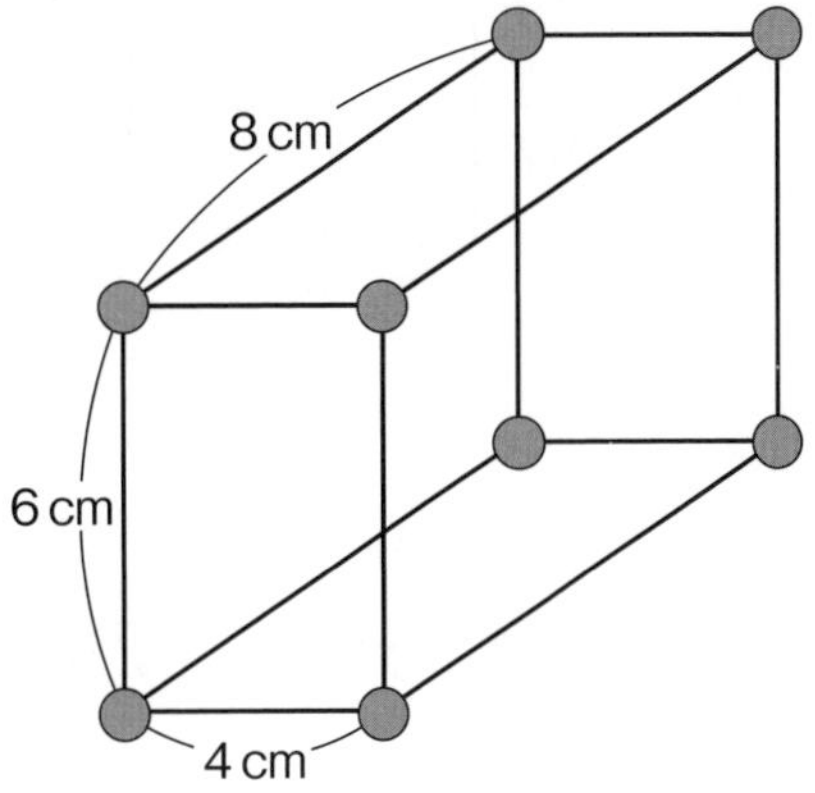

② ねん土玉は何こいりますか。 □ こ

③ ねん土玉にあたるところと、竹ひごにあたるところは、はこの何という場《ば》しょですか。

ねん土玉 □　　竹ひご □

2 竹ひごとねん土玉で、さいころの形を作ります。（□…1つ5点）

どんな長さの竹ひごが何本いりますか。 □ cmの竹ひごが □ 本

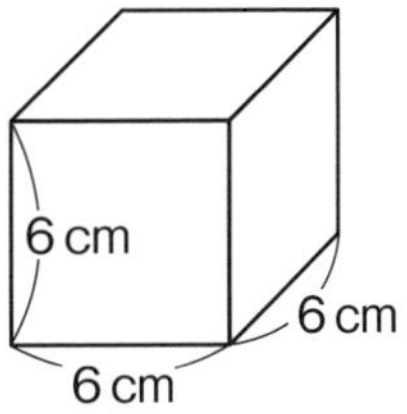

3 図《ず》のようなはこのめんをかきうつしました。

(1) □に長さをかきましょう。（□…1つ6点）

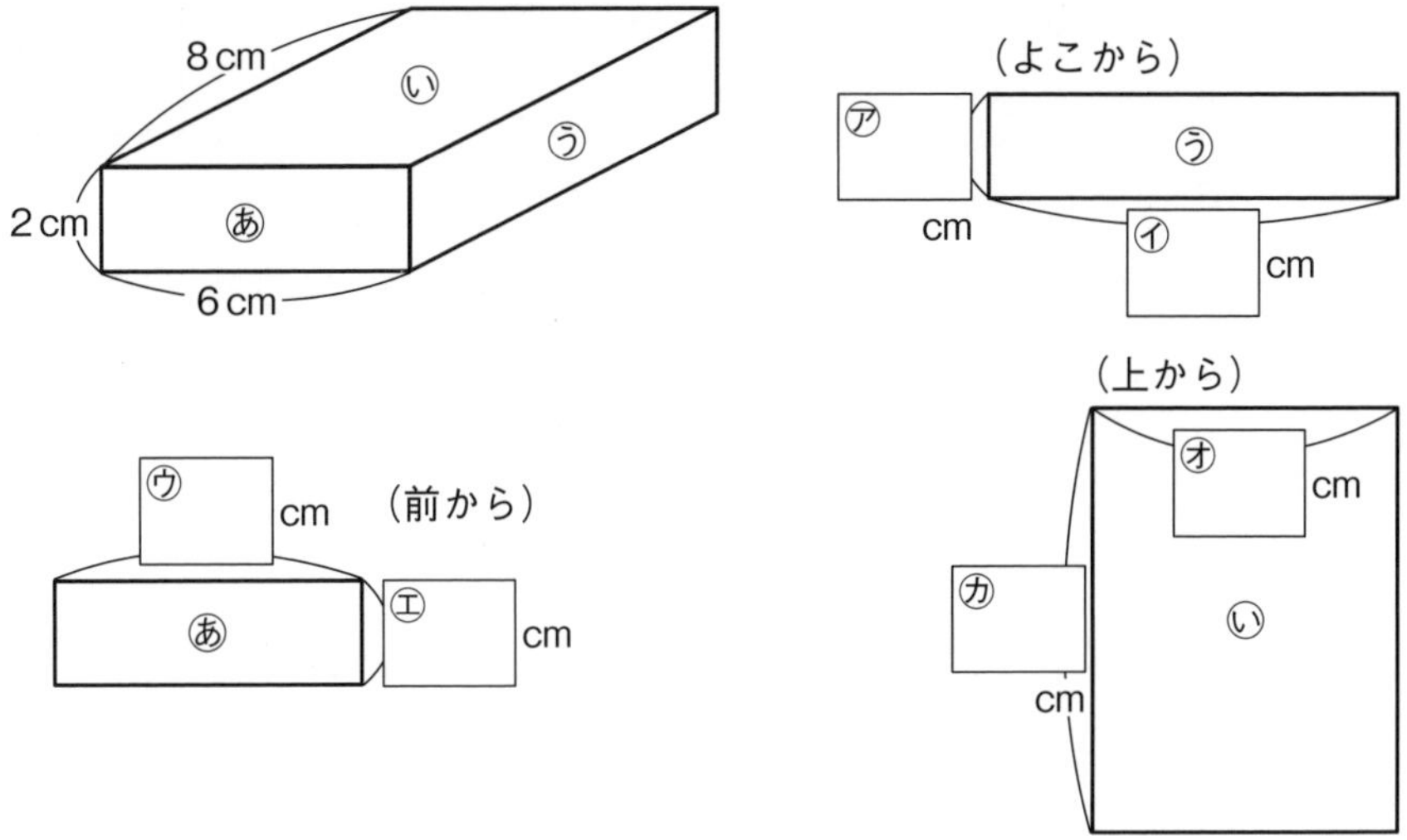

(2) （　）にあてはまる数やことばをかきましょう。（（　）…1つ6点）

はこには、あのめんが（①　　）こ、いのめんが（②　　）こ、うのめんが（③　　）こあります。あわせて（④　　）このめんがあります。

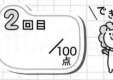

40 はこの形 ②

1 ①～⑥の図《ず》を組《く》み立てます。

㋐、㋑になるものは（　　）に㋐が㋑を、できないものには×をかきましょう。　（1つ10点《てん》）

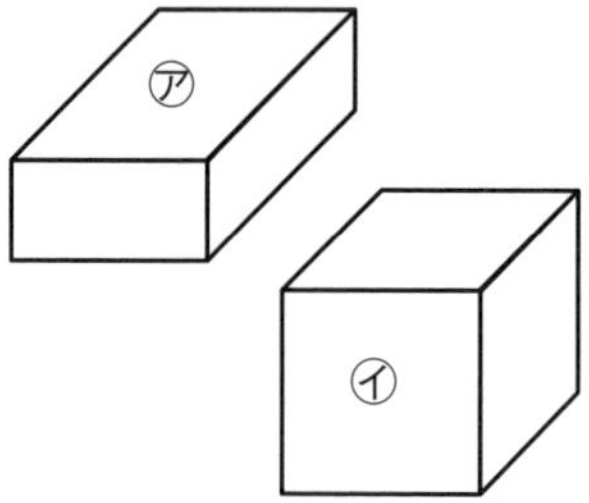

①

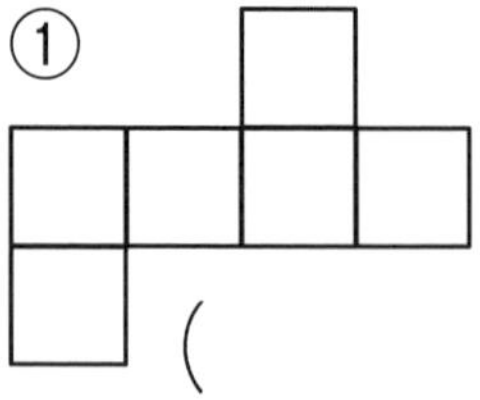

（　　）

②

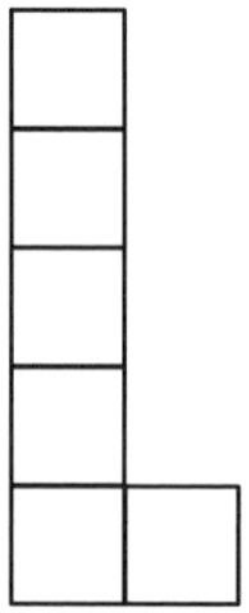

（　　）

③

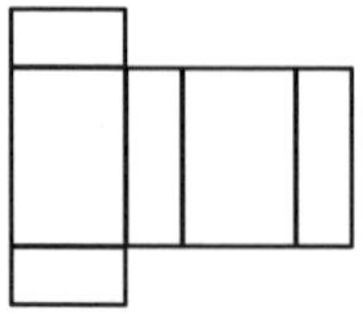

（　　）

④

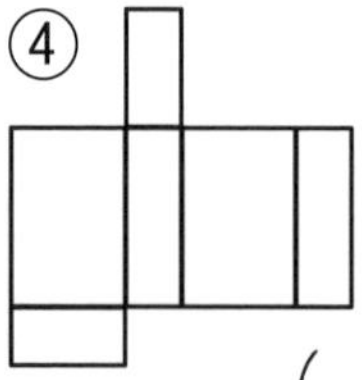

（　　）

⑤

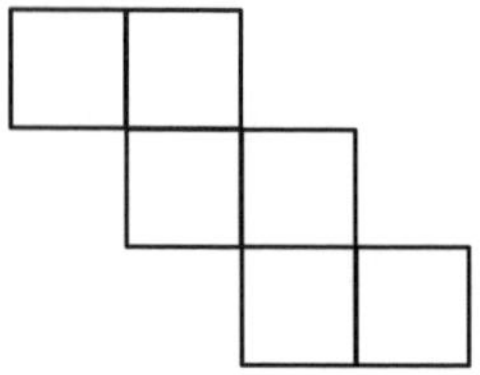

（　　）

⑥

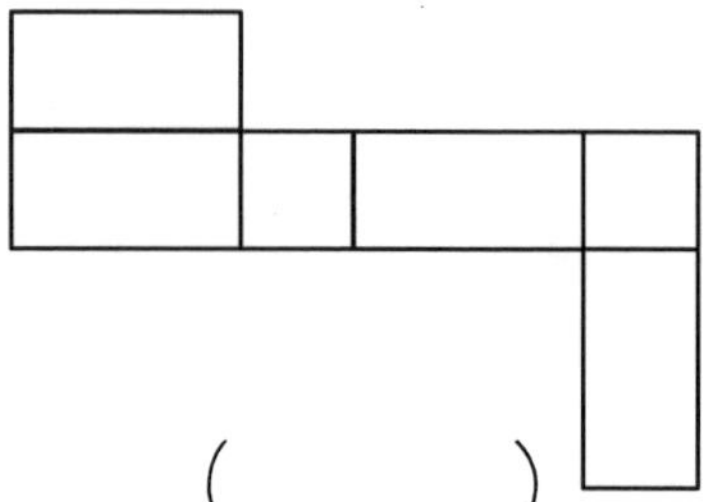

（　　）

2 左の図を組み立てると、右のはこが作《つく》れます。

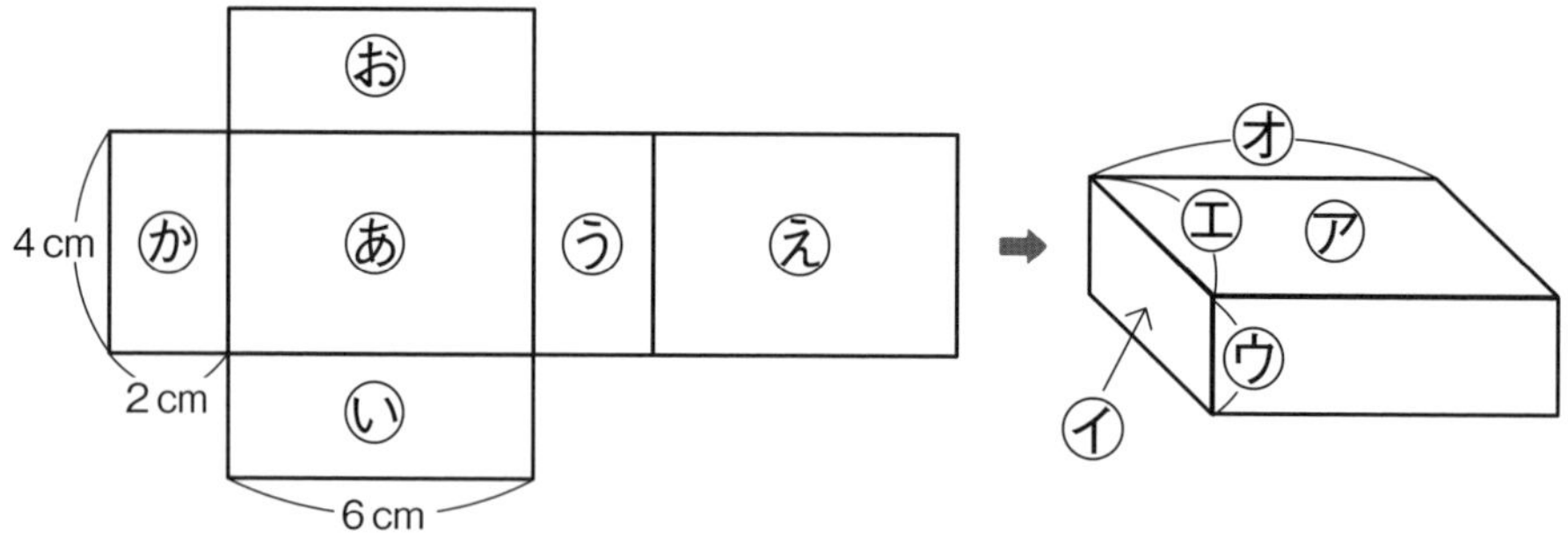

① 左の図であのめんが右の図の㋐になるとき、㋐の下のめんは、左の図のどのめんですか。　（8点）

答《こた》え＿＿＿＿＿＿

② 右の図の㋑のめんは、左の図のどのめんと同じ大きさですか。　（8点）

答え＿＿＿＿＿＿

③ ㋒、㋓、㋔の長《なが》さをかきましょう。　（1つ8点）

㋒ □ cm　　㋓ □ cm　　㋔ □ cm

答えは104ページ

41 1000より大きい数 ①

1 つぎの□にあてはまる数《かず》をかきましょう。（□…1つ2点《てん》）

① 4702は、1000を□こと、100を□こと、1を□こあわせた数です。

② 5039は、1000を□こと、10を□こと、1を□こあわせた数です。

③ 7358＝7000＋□＋50＋□

④ 2904＝□＋900＋□

2 つぎの数を数字《すうじ》でかきましょう。（1もん5点）

① 五千三百　□

② 七千四百二　□

③ 八千二百九十　□

④ 二千九百十　□

⑤ 九千五百十三　□

⑥ 六千八十四　□

3 下の数の読《よ》み方《かた》をかん字でかきましょう。（1もん5点）

	千	百	十	一		読み方（れい）
	7	6	9	2	→	七千六百九十二
①	7	6	9	0	→	
②	5	4	0	2	→	
③	2	0	8	2	→	
④	8	2	0	0	→	
⑤	6	0	3	0	→	

4 つぎの□にあてはまる数をかきましょう。（1もん5点）

① 3500は、100を□こあつめた数です。

② 2500は、10を□こあつめた数です。

③ 7200は、□を72こあつめた数です。

④ 7200は、□を720こあつめた数です。

⑤ 6000は、1000を□こあつめた数です。

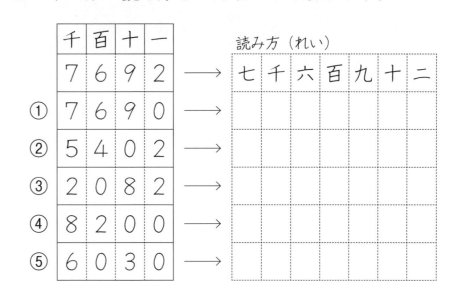

42 1000より大きい数 ②

学しゅう日 ／

1回目 ／100点　答えは104ページ　2回目 ／100点

答えは104ページ

算数

1 □にあてはまる数《かず》をかきましょう。 (□…1つ4点《てん》)

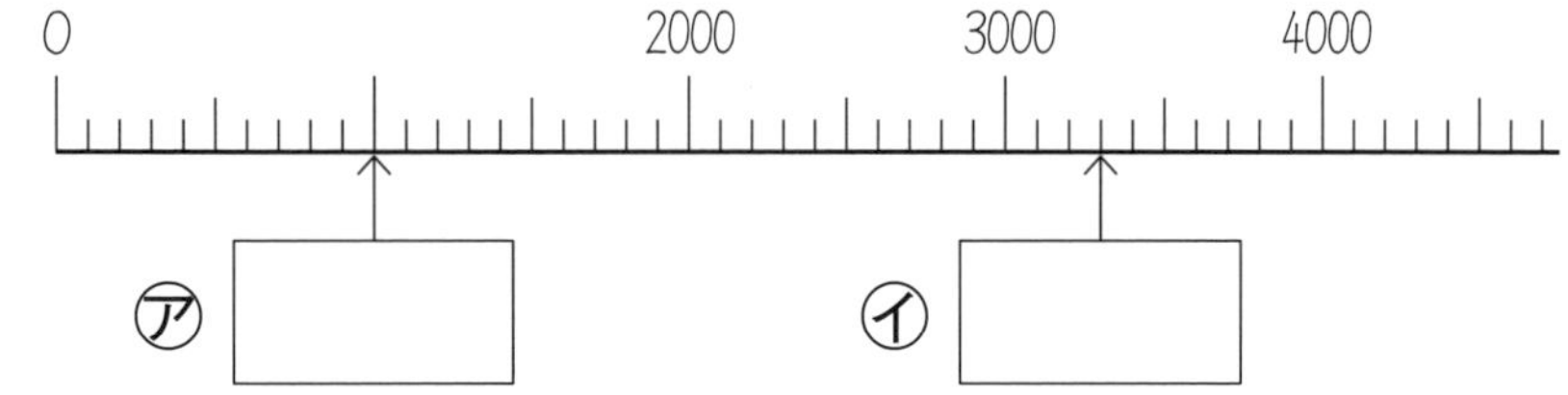

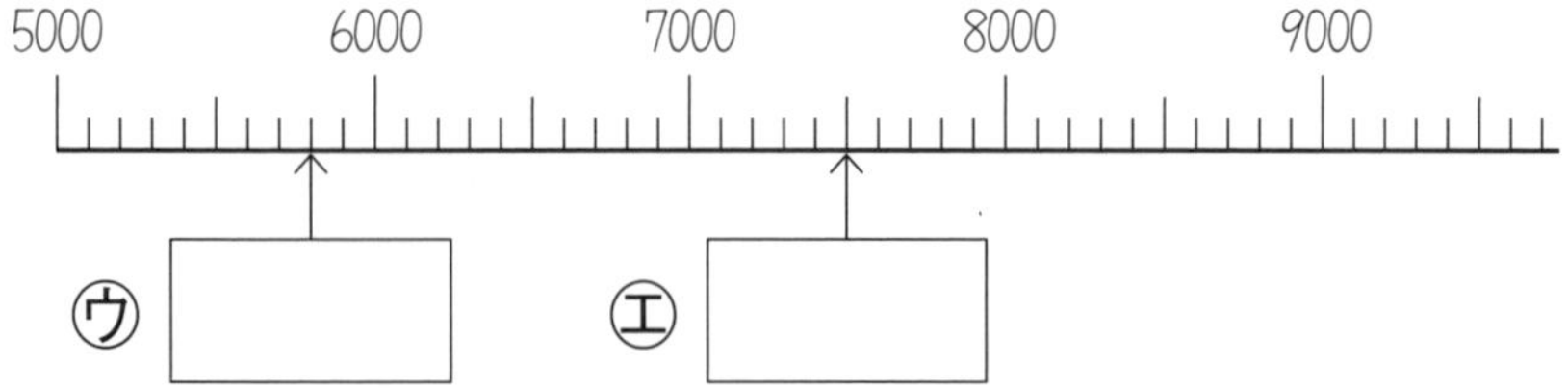

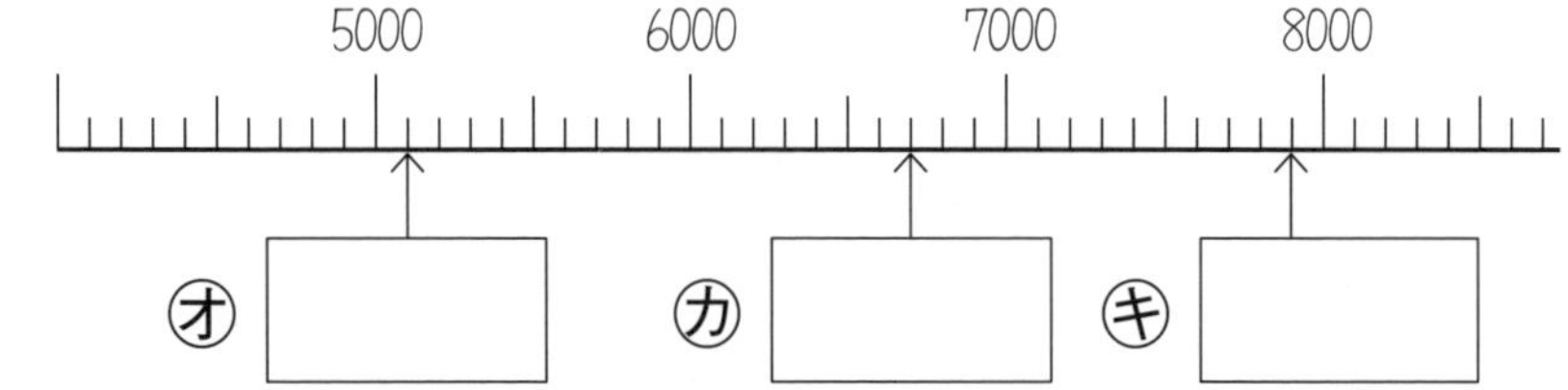

2 ㋐2300、㋑4100、㋒5500を下の数直線《すうちょくせん》上に↑㋐のようにしるしをしましょう。 (1つ4点)

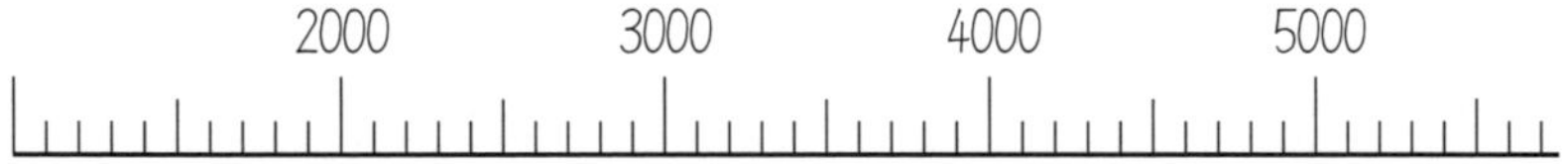

3 つぎの数を数字《すうじ》でかきましょう。 (1もん5点)

① 6999より1大きい数。　答《こた》え＿＿＿＿

② 4900より100大きい数。　答え＿＿＿＿

③ 3990より10大きい数。　答え＿＿＿＿

④ 10000より100小さい数。　答え＿＿＿＿

4 □にあてはまる数をかきましょう。 (□…1つ4点)

① 3998 — 3999 — □

② 5960 — □ — 5980 — □

③ 9700 — □ — 9900 — □

5 □にあてはまる数をぜんぶかきましょう。 (□…1つ4点)

5520は、5□60より大きい数です。

□ □ □ □ □

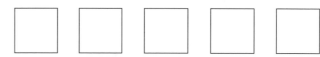

43 かんたんな分数 ①

1 つぎの大きさがもとの大きさの$\frac{1}{2}$なら○をつけましょう。（○…1つ10点《てん》）

① もとの大きさ

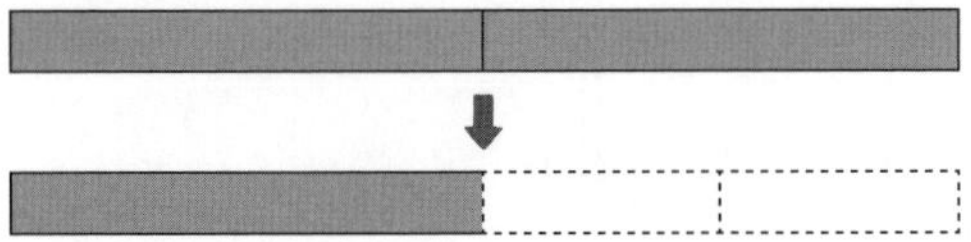

（　　）

② もとの大きさ

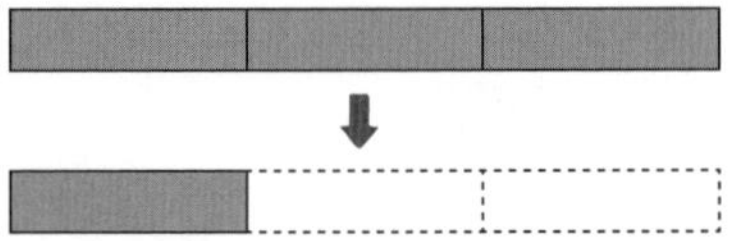

（　　）

③ もとの大きさ

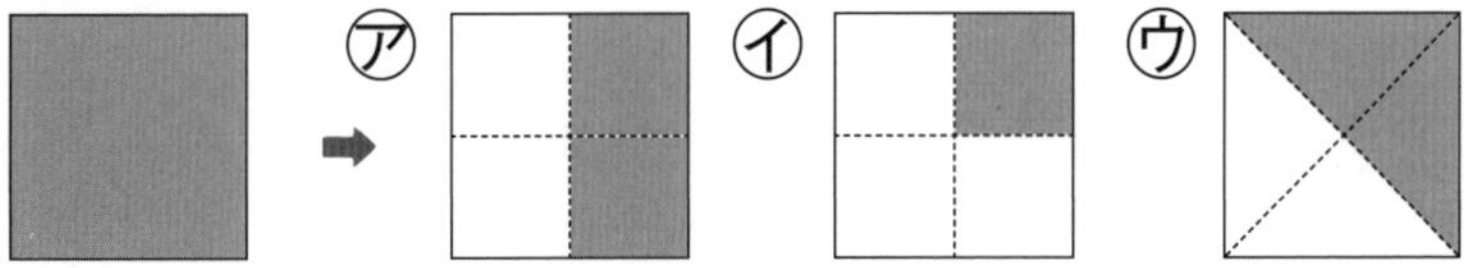

（　　）（　　）（　　）

2 つぎの図を$\frac{1}{2}$だけ、色《いろ》をぬりましょう。（1つ10点）

①

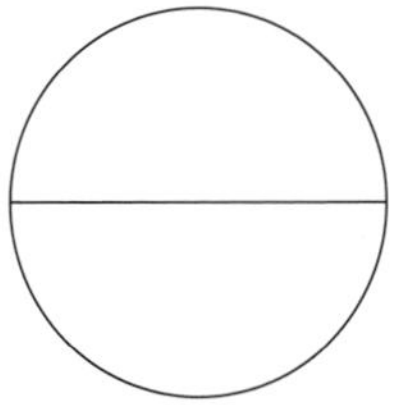

②

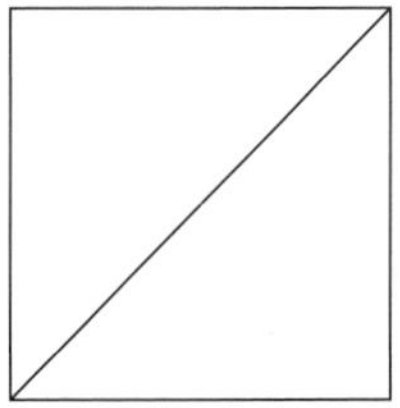

3 つぎの大きさがもとの大きさの$\frac{1}{3}$なら○をつけましょう。（○…1つ10点）

① もとの大きさ

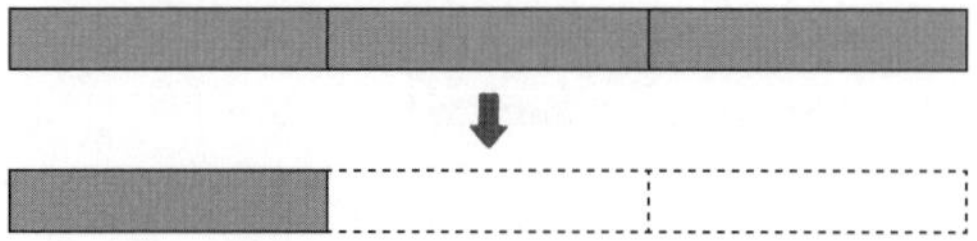

（　　）

② もとの大きさ

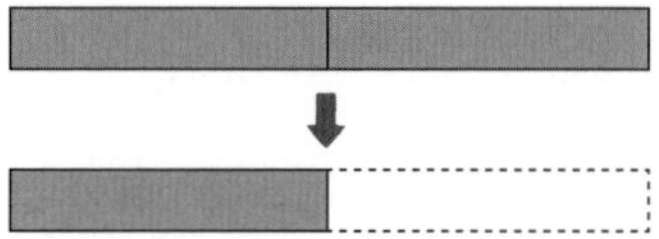

（　　）

③ もとの大きさ

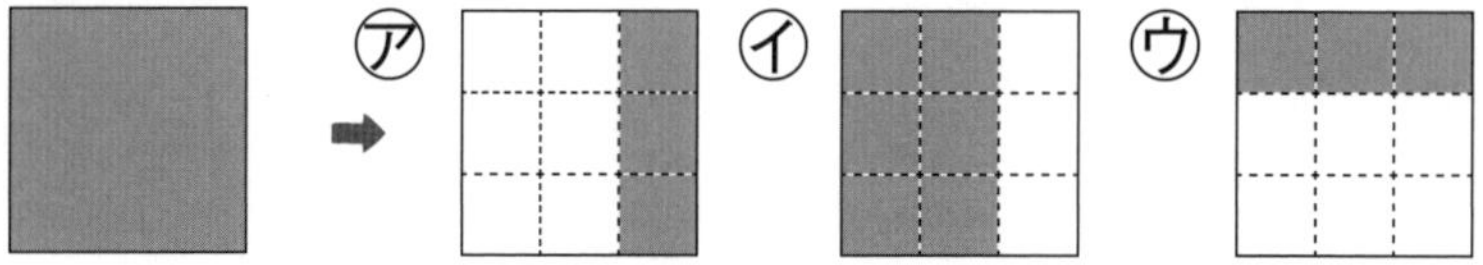

（　　）（　　）（　　）

4 つぎの図を$\frac{1}{3}$だけ、色《いろ》をぬりましょう。（1つ10点）

①

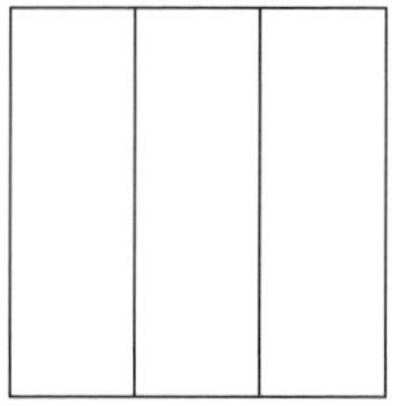

②

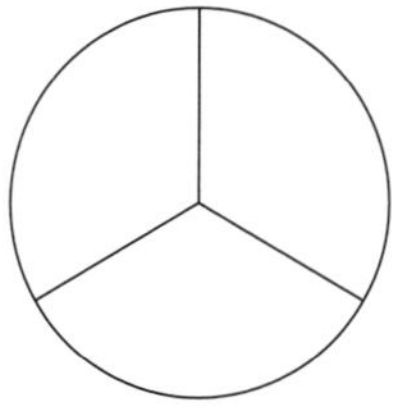

44 かんたんな分数 ②

学しゅう日 ／

1回目 ／100点

答えは105ページ

2回目 ／100点

できた！

1 つぎのテープ《てえぷ》をもとの大きさはかえずにそれぞれ同《おな》じ大きさになるように切《き》ります。①～④の１つ分《ぶん》の大きさを分数《ぶんすう》でかきましょう。（1もん10点《てん》）

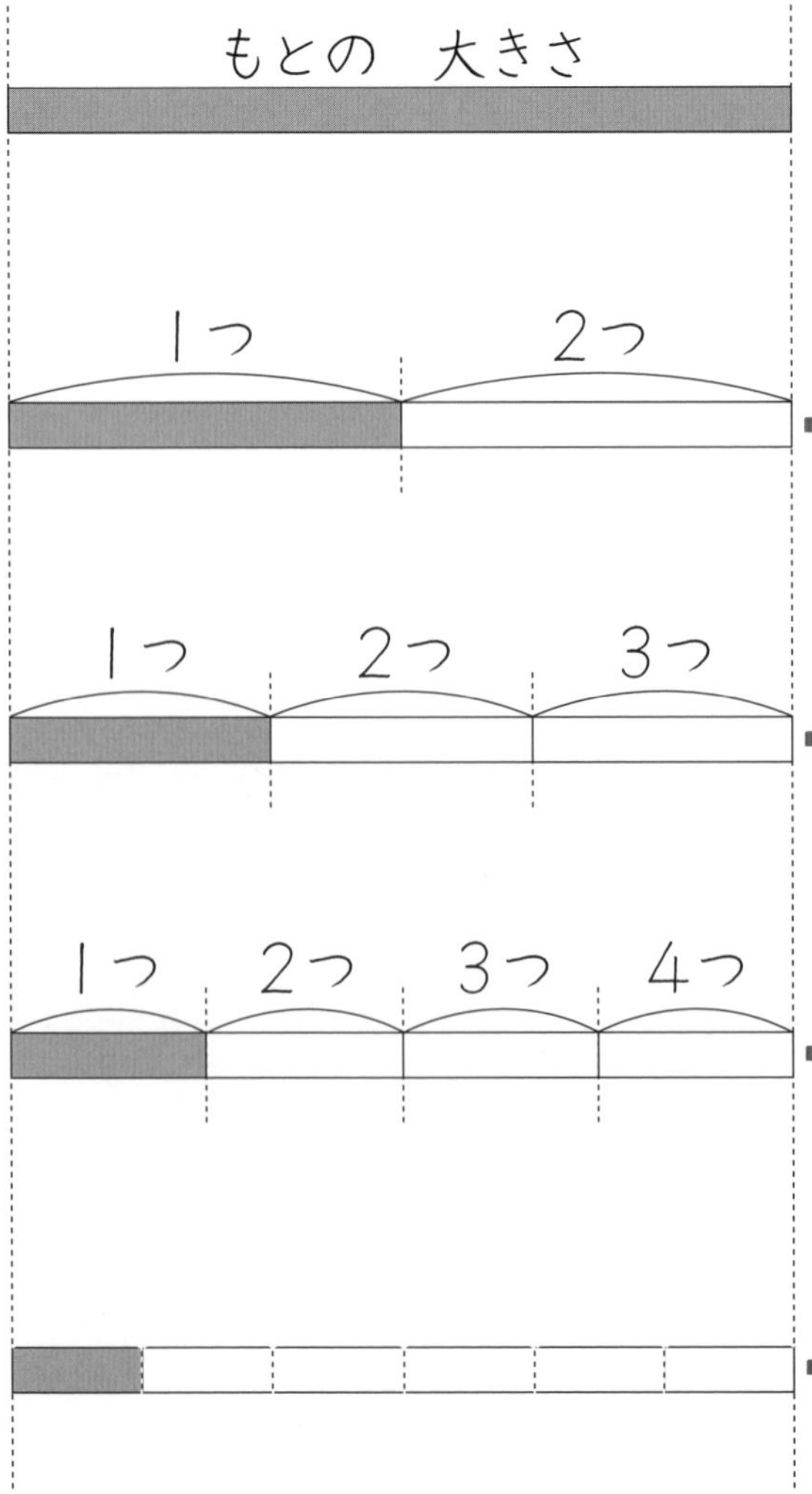

① ➡ （ $\frac{}{2}$ ）

② ➡ （　　）

③ ➡ （　　）

④ ➡ （　　）

2 はこの中にクッキー《くっきい》が12こ入っています。１人《ひとり》あたりつぎの数《かず》で分《わ》けるとき、もとの大きさの数の何分《なんぶん》の一《いち》ですか。（1もん20点）

もとの　大きさ

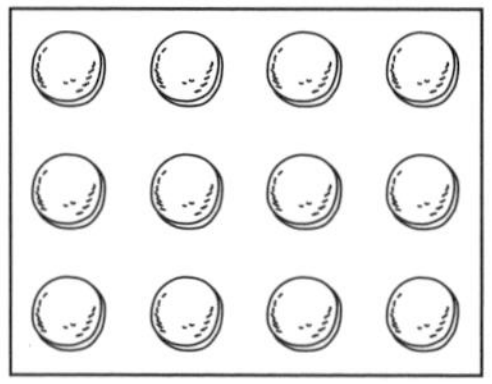

12こ入りの
クッキー

①

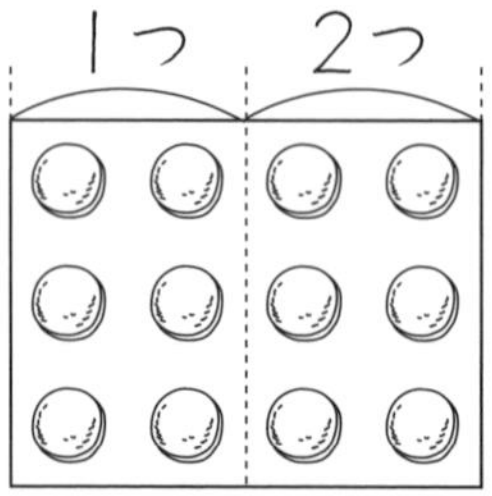

➡ 12この（ ― ）は6こです。

②

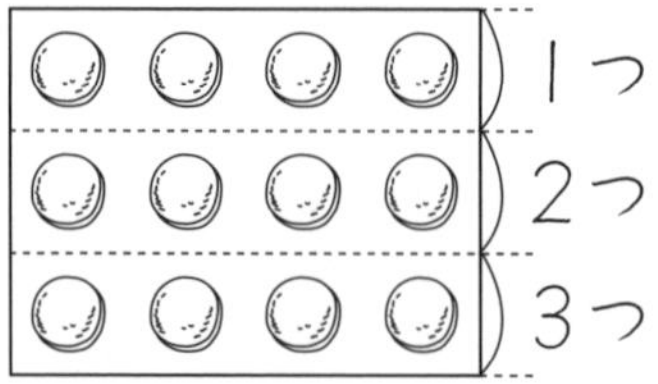

➡ 12この（　　）は4こです。

③

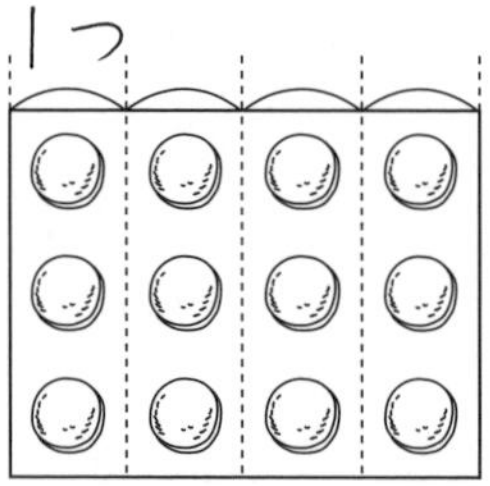

➡ 12この（　　）は3こです。

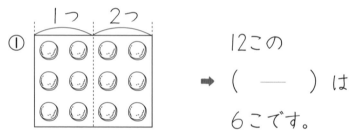

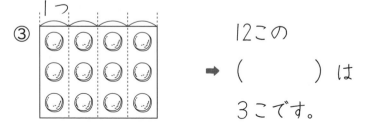

45 計算のしかたのくふう ①

答えは105ページ

1 まさきさんとゆいさんは、つぎの文を（　　）をつかってつぎのようなしきであらわしました。（1もん20点《てん》）

> かなめさんは15円のあめと30円のけしゴムを買《か》いました。しかし、かなめさんは、ガムを買いわすれていたので、店《みせ》にもどり、20円のガムを買いました。
>
> ぜんぶでいくらつかいましたか。

□にあてはまる数《かず》をかきましょう。

① まさきさんは、はじめに買った分《ぶん》を（　　）に入れて計算《けいさん》しました。

（15＋□）＋20＝65

② ゆいさんは、おやつでつかった分をまとめて（　　）に入れて計算しました。

（15＋□）＋30＝65

2 つぎの計算をくふうしてかんたんにしましょう。□にあてはまる数をかきましょう。（1もん20点）

① 16＋15＋4＝（16＋(あ)□）＋15

＝(い)□＋15

＝35

② 23＋36＋17＝（(あ)□＋17）＋36

＝(い)□＋36

＝76

③ 16＋38＋12＝16＋（38＋(あ)□）

＝16＋(い)□

＝66

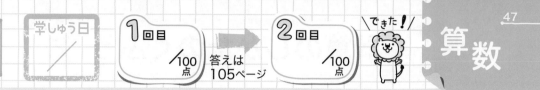

46 計算のしかたのくふう ②

学しゅう日　／

1回目　／100点

答えは105ページ

2回目　／100点

できた！

1 くふうして 計算《けいさん》しましょう。　(□…1つ4点《てん》)

① 84＋7＝□あ　（たす7を6と1に分けて計算します）
　　7 → 6　1

② 72＋9＝□う
　　9 → □あ　□い

③ 4＋17＝□う
　　17 → □あ　□い

④ 52－5＝□あ　（ひく5を2と3に分けて計算します）
　　5 → 2　3

⑤ 77－8＝□う
　　8 → □あ　□い

⑥ 34－6＝□う
　　6 → □あ　□い

2 ひろしさんは、100円をもっておやつを買《か》いに行きました。まず、1こ16円のあめを入れ、つぎに1こ24円のチョコを1つずつ買いました。　(□…1つ4点)

① 100円からじゅんにお金をひきます。

100－□あ－□い＝60

② あめとチョコを先に計算します。

□あ＋□い＝□う

100－□え＝60

3 まことさんは、赤いビー玉を15こ、青いビー玉を14こもっています。そこへ、ひろしさんから青いビー玉を6こもらいました。ビー玉はぜんぶで何こになりましたか。青いビー玉をまとめるしきをかきましょう。　(しき…10点　答え…10点)

(しき)

答《こた》え

1 春をさがそう

学しゅう日 /

1回目 /100点

答えは105ページ

2回目 /100点

できた！

1 学校の花だんや公園《こうえん》で見つけた、草花の名前《なまえ》を [ ] からえらんでかきましょう。（1もん10点《てん》）

①

②

③

④

⑤

カラスノエンドウ
タンポポ
サクラ
オオバコ
アブラナ

2 学校の校ていや、公園で見つけた虫の名前を、[ ] からえらんでかきましょう。（1もん10点）

①
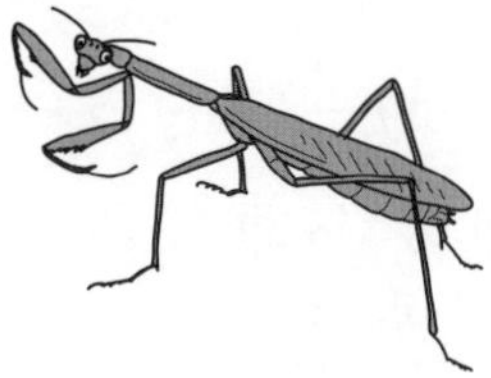

②

③

④

⑤

ダンゴムシ
ハナアブ
モンシロチョウ
カマキリ
テントウムシ

2 町のあんぜん

学しゅう日　／

1回目　／100点　答えは105ページ　2回目　／100点

できた！

1 つぎの絵《え》が何《なに》をあらわしているのか、右の正しいせつめいと——でむすびましょう。（1つ10点《てん》）

① 

・　・㋐ カーブミラー、左右から車がきていないか見る。

② 
・　・㋑ 道《どう》ろをよこぎってわたってはいけない。

③ 
・　・㋒ 近《ちか》くにおうだん歩《ほ》道がある。

④ 
・　・㋓ 歩《ある》く人がおうだん歩道をわたるためのしんごうき。

2 つぎのかんばんや絵は何をあらわしていますか。下の㋐～㋓からえらび、その記《き》ごうをかきましょう。（1つ15点）

①（　　）

②（　　）

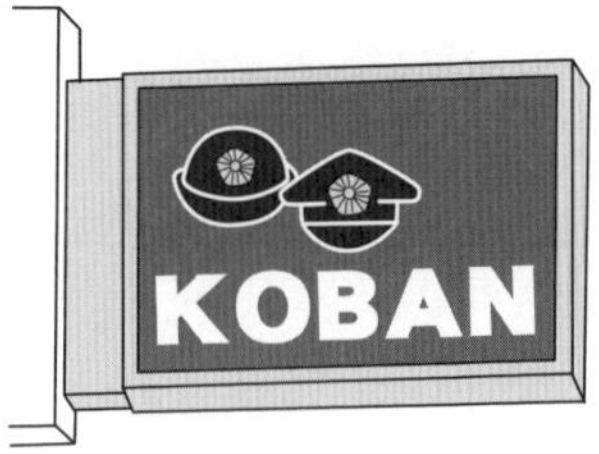

③（　　）

④（　　）

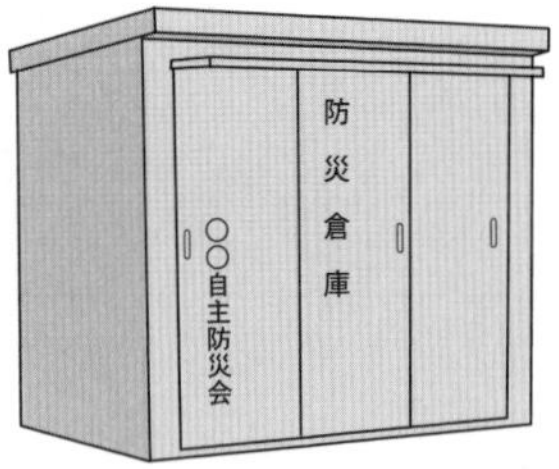

㋐ さいがいがおこったとき、食《しょく》りょうや毛《もう》ふなど身《み》を守《まも》るための用品《ようひん》が入っている。

㋑ この先、道ろ工《こう》じ中。

㋒ 交番《こうばん》。

㋓ さいがいがおこったら、ここにひなんする。

3 野さいをそだてよう ①

学しゅう日　／

1回目　／100点

答えは105ページ

2回目　／100点

できた！

1 野《や》さいとその花の絵《え》を見て、名前《なまえ》を□からえらんでかきましょう。（1もん10点《てん》）

①

②

③

④

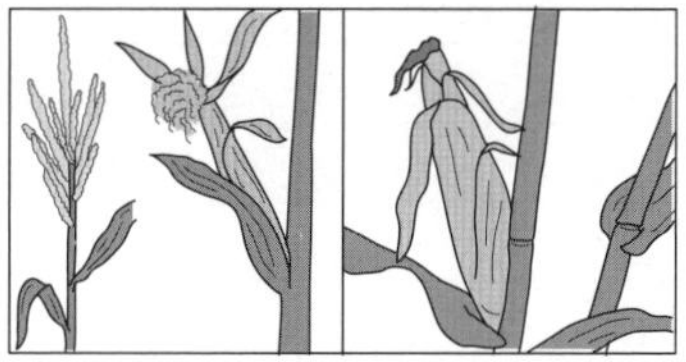

⑤

⑥

トウモロコシ　キュウリ　ダイズ
ナス　ジャガイモ　ミニトマト

2 つぎのミニトマトのなえのうえ方《かた》の絵を、正しいじゅんに（　）に番《ばん》ごうをかきましょう。（1つ5点）

なえをそっととり出《だ》す。
（　　）

そっと水《みず》をやる。
（　　）

ねをきずつけないようにそっとうえる。
（　　）

土《つち》をかける。
（　　）

3 つぎのせわの中で、正しいものに○、まちがっているものに×をつけましょう。（1もん4点）

①

土をかたくかためる。
（　　）

②

ひりょうをまく。
（　　）

③

はっぱをとって少なくする。
（　　）

④

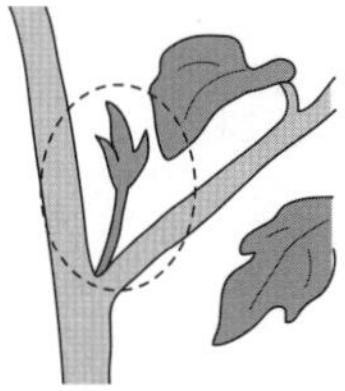

わきめをつむ。
（　　）

⑤

水をやる。
（　　）

4 野さいをそだてよう ②

1 つぎの「お知《し》らせカード」を見て、あとのもんだいに答《こた》えましょう。（1もん10点《てん》）

お知らせカード

ミニトマトのわきめつみ

5月20日（金）　名前　みや本 しょう

さいしょは　どれがわきめかわからなかったけど、まき田さんが教えてくれたので、わかるようになりました。大きなみができるといいなぁ。

① このカードのだいは何《なん》ですか。
（　　　　　　）

② いつの記《き》ろくですか。
（　　　　　　）

③ わきめというのは、あ い のどちらですか。
（　　　　　　）

④ だれが教《おし》えてくれましたか。
（　　　　　　）

⑤ みや本さんは、どんなことを思《おも》いましたか。
（　　　　　　）

2 つぎの「お知らせカード」を見て、あとのもんだいに答えましょう。（1もん10点）

お知らせカード

ナスのみができました

6月2日（月）　名前　大山 かな子

花がさいていたところに、小さなみができていました。名人の土井《どい》さんに聞《き》いて、みがもっと大きくなるように、ひりょうをやりました。花を数《かぞ》えたら、ほかに3つありました。これから、もっとみができるのが楽《たの》しみです。

① このカードのだいは何ですか。
（　　　　　　）

② いつの記ろくですか。
（　　　　　　）

③ 小さなみは、どこにできていましたか。
（　　　　　　）

④ みが大きくなるようにどうしましたか。
（　　　　　　）

⑤ ほかに花はいくつさいていましたか。
（　　　　　　）

5 野さいができたよ

学しゅう日　／

1回目　／100点

答えは106ページ

2回目　／100点

できた！

1 野《や》さいのたねとその花を——でむすびましょう。

（1つ10点《てん》）

① 
ミニトマト　•　　　•　あ 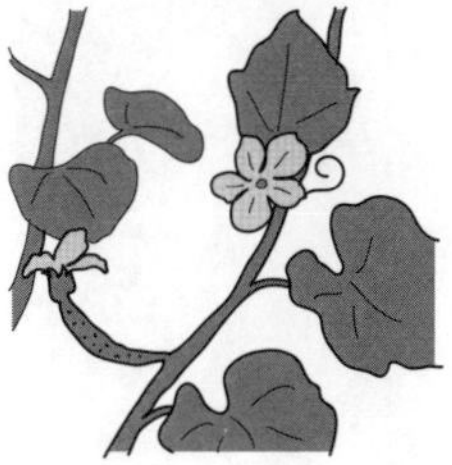

② 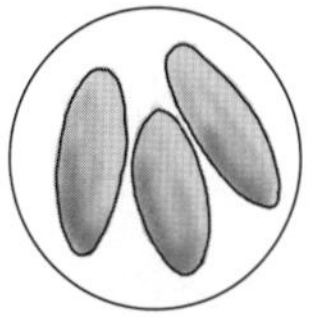
キュウリ　•　　　•　い 

③ 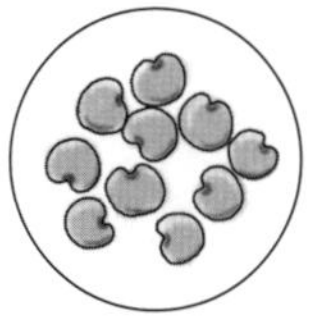
ナス　•　　　•　う 

④ 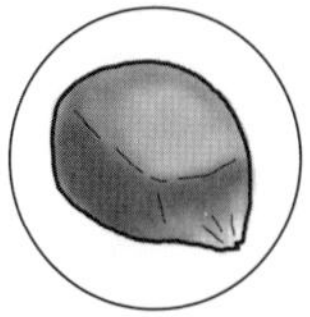
トウモロコシ　•　　　•　え 

2 **1**のもんだいで、①～④のたねはそれぞれどのみですか。（　　）に番《ばん》ごうをかきましょう。（1つ10点）

ア（　　）

イ（　　）

ウ（　　）

エ（　　）

3 秋《あき》や冬《ふゆ》にも野さいがそだちます。つぎの野さいの名前を［　］からえらんでかきましょう。（1もん10点）

①
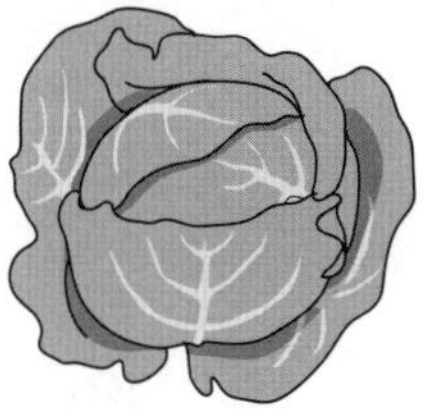
（　　　　）

②

（　　　　）

［キャベツ　　ダイコン］

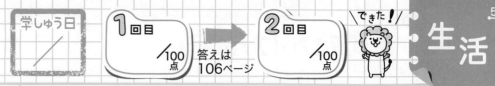

6 町たんけん ①

答えは106ページ

下の町をよく見て、あとのもんだいに答《こた》えましょう。左の町にあるものに○、ないものに×をつけましょう。

（1つ10点《てん》）

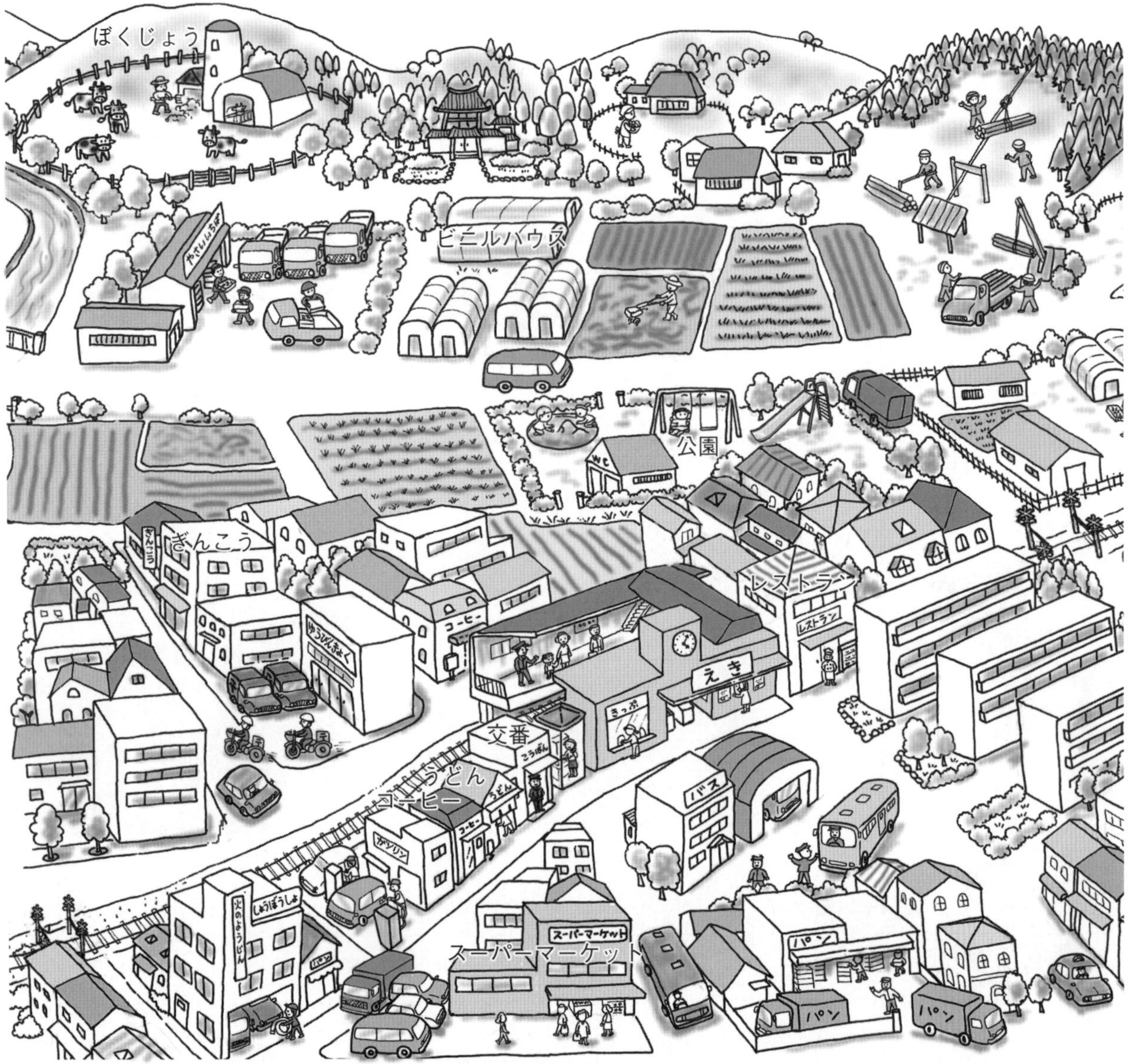

ア □ 公園《こうえん》

イ □ 図書《としょ》かん

ウ □ 交番《こうばん》

エ □ えき

オ □ 市《し》やくしょ

カ □ ぼくじょう

キ □ びょういん

ク □ スーパーマーケット

ケ □ ぎんこう

コ □ うどんや

7 町たんけん ②

学しゅう日　／

1回目　／100点

答えは106ページ

2回目　／100点

できた！

つぎの絵《え》を見て、あとのもんだいに答《こた》えましょう。（1もん20点《てん》）

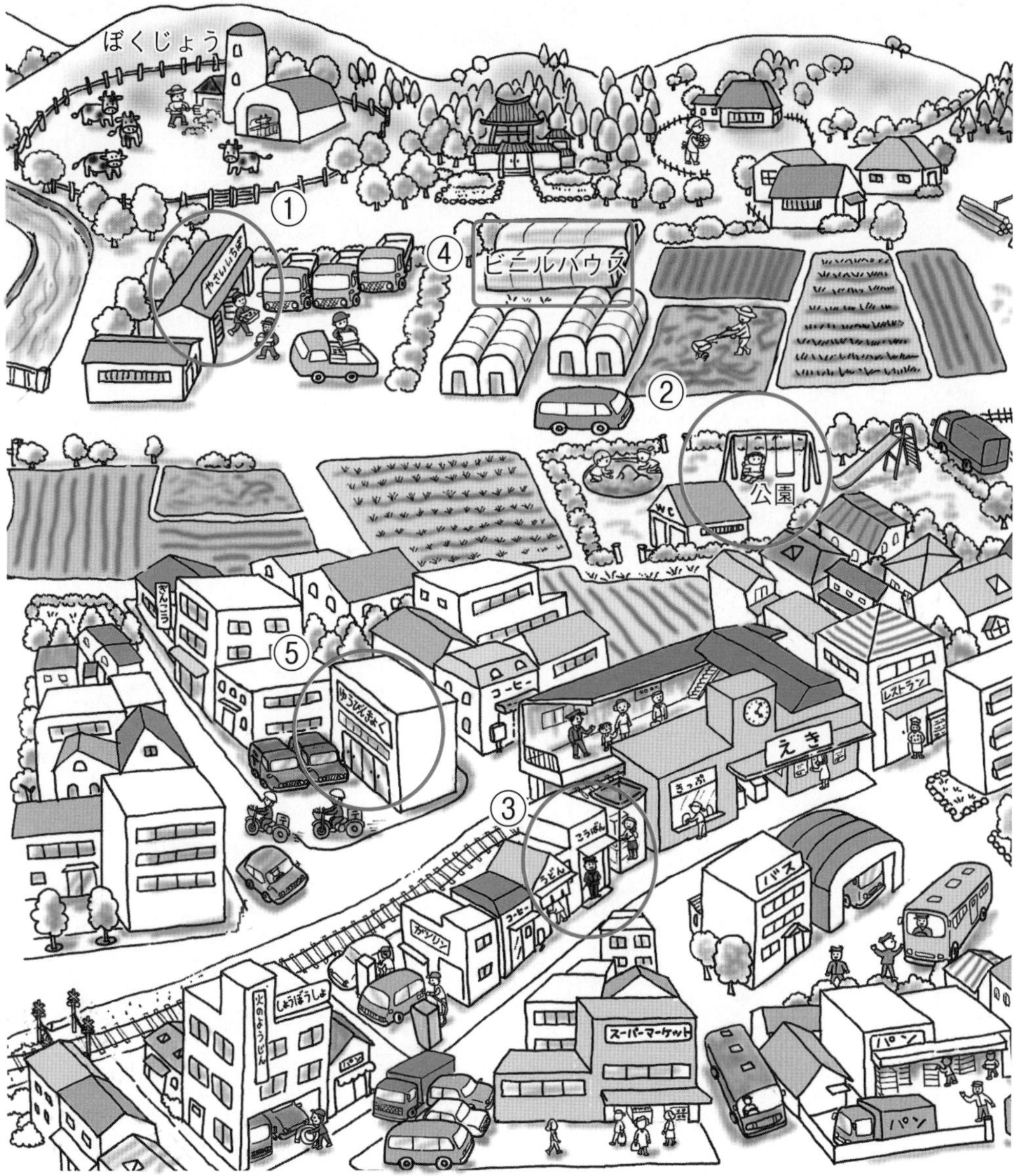

① 野《や》さい市場《いちば》で売《う》るものに○をつけましょう。

□ パン　□ キャベツ　□ いわし

② 公園《こうえん》にあるものに○をつけましょう。

□ WC《（トイレ）》　□ 電車《でんしゃ》　□ キュウリ

③ 交番《こうばん》ではたらく人に○をつけましょう。

□ うんてん手《しゅ》さん　□ えき長《ちょう》さん

□ おまわりさん

④ ビニルハウスの中でそだてるものに○をつけましょう。

□ トマト　□ たい　□ くり

⑤ ゆうびんきょくでしているしごとに○をつけましょう。

□ はがきや切手《きって》を売《う》る。

□ 切《きっ》ぷを売る。

8 町たんけん ③

学しゅう日 ／

1回目 ／100点　答えは106ページ　2回目 ／100点

できた！

1 「町のくふう」とあう㋐～㋓のせつめいを――でむすびましょう。（1つ10点《てん》）

① 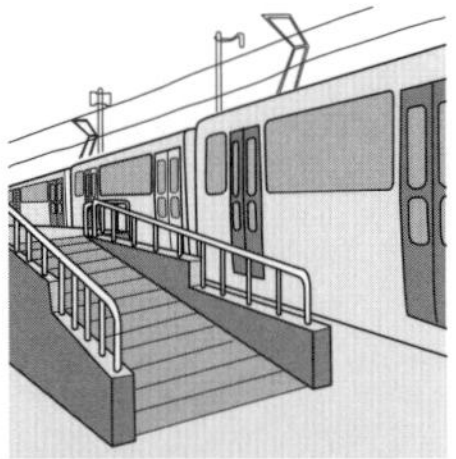 ・　・ ㋐ 目や体の不自由《ふじゆう》な人が、つれているほじょ犬も入れる場《ば》しょ。

② 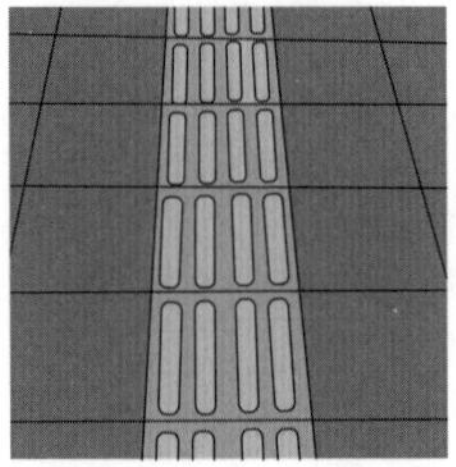 ・　・ ㋑ 車イスなど体の不自由な人用のスロープ。

③ 

・　・ ㋒ 目の不自由な人用の場しょやたてもの。

④  ・　・ ㋓ 目の不自由な人用の点字《てんじ》ブロック。

2 「町のしせつ」で見たことがあるものに○をつけましょう。（60点）

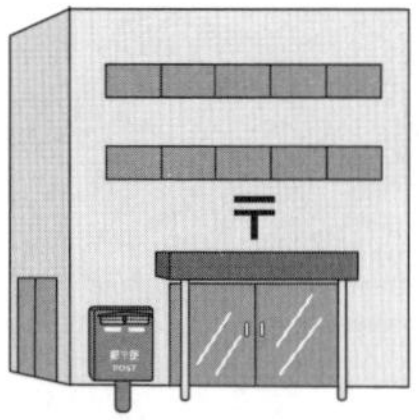

ゆうびんきょく
（　　）

交番《こうばん》
（　　）

びょういん
（　　）

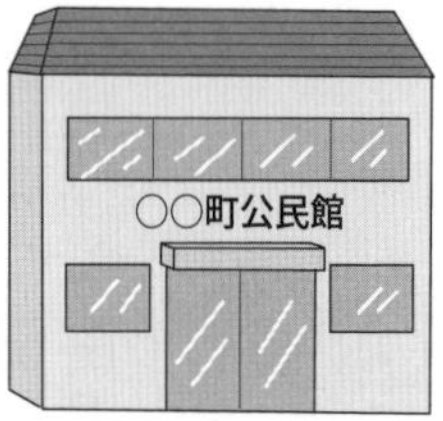

こうみんかん
（　　）

図書《としょ》かん
（　　）

じどうかん
（　　）

9 生きものをさがそう

学しゅう日 ／

1回目 ／100点

答えは106ページ

2回目 ／100点

できた！

1 下の絵《え》は公園《こうえん》でよく見かける生きものです。［　　］の中から正しい名《な》前《まえ》をえらんでかきましょう。

また、あなたが見たことのあるものには、（　　）に○をしましょう。（1もん6点《てん》）

①  （　　）

②  （　　）

③  （　　）

④  （　　）

⑤ 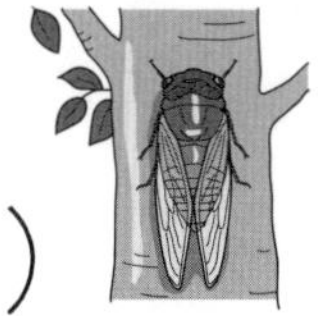 （　　）

⑥ 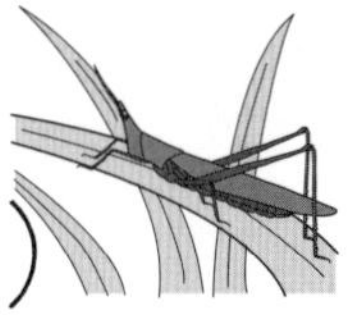 （　　）

⑦ 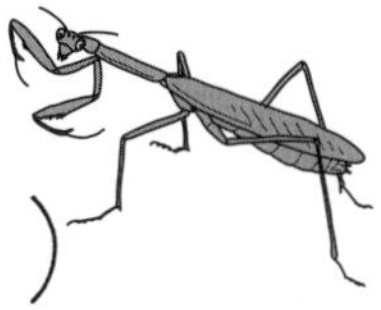 （　　）

⑧  （　　）

セミ　テントウムシ　トンボ　チョウ
カマキリ　クモ　カタツムリ　バッタ

2 下の絵は公園の池《いけ》や小川でよく見かける生きものです。［　　］の中から正しい名前をえらんでかきましょう。

また、あなたが見たことのあるものには、（　　）に○をしましょう。（1もん8点《てん》）

①  （　　）

② 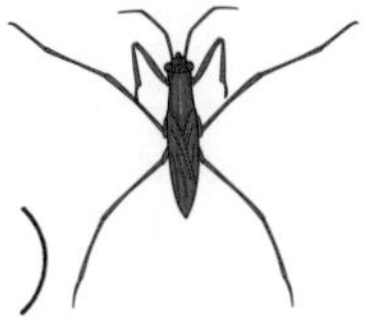 （　　）

③ 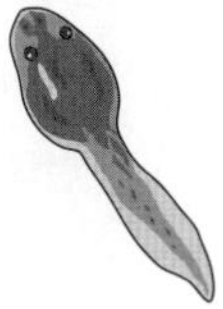 （　　）

④  （　　）

⑤  （　　）

ヤゴ　メダカ　アメンボ
ザリガニ　オタマジャクシ

3 **2**の③と④は、大きくなると何《なに》になりますか。（1つ6点）

③（　　　　）　④（　　　　）

10 生きものをそだてよう

学しゅう日 ／

1回目 ／100点

答えは106ページ

2回目 ／100点

できた！

生活

1 つぎの絵《え》はカエルのかい方《かた》をかいたものです。

（　　）にあてはまることばを、□からえらんでかきましょう。

（（　）…1つ10点《てん》）

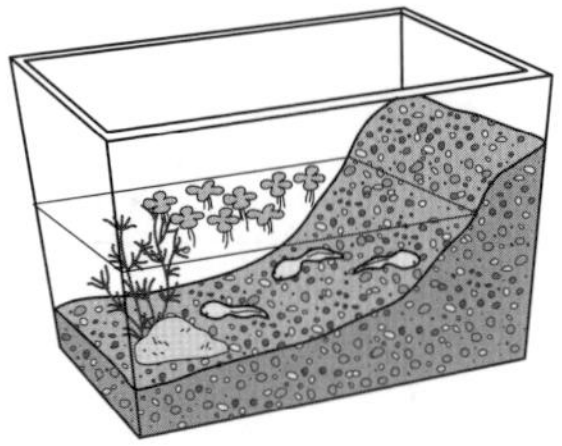

（①　　　）から上がるりく地《ち》を作《つく》っておく。

水がくさるので（②　　　　）を入れすぎない。

えさには（③　　　　　　）やにぼしがよい。

えさ　　水　　かつおぶし

2 つぎの絵はザリガニのかい方をかいたものです。

（　　）にあてはまることばを、□からえらんでかきましょう。

（（　）…1つ10点）

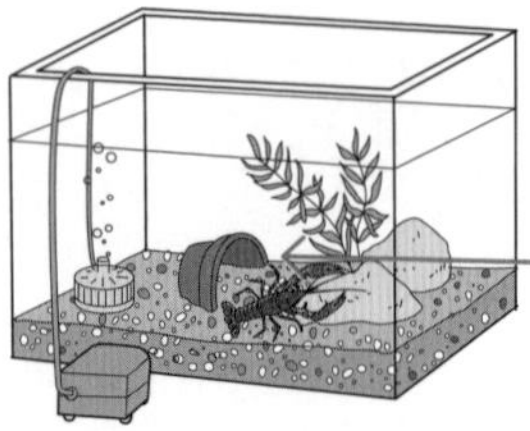

（①　　　　）した水を入れる。

（②　　　　　　）を入れておく。

えさに（③　　　　）やソーセージなどを入れる。

食《しょく》パン　　かくれるもの　　くみおき

3 つぎの絵はダンゴムシのかい方をかいたものです。

（　　）にあてはまることばを、□からえらんでかきましょう。

（（　）…1つ10点）

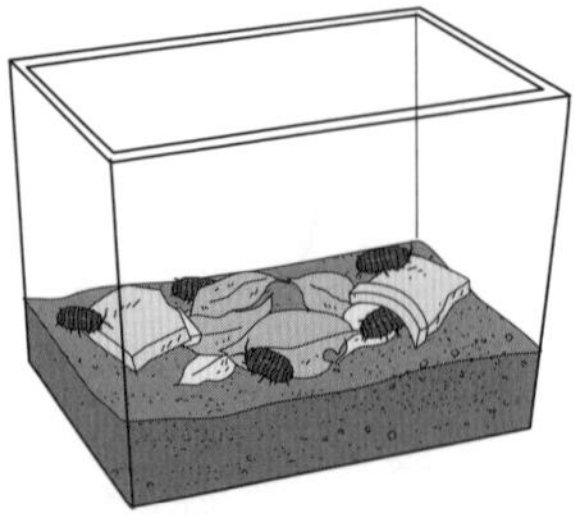

かくれる（①　　　）などを入れる。

（②　　　　）土を入れる。

（③　　　　）はっぱなどがまざった土を入れる。

くさった　　しめった　　石

4 アゲハのそだつじゅんに番《ばん》ごうをつけましょう。

（ぜんぶ合って10点）

㋐

㋑

㋒

㋓

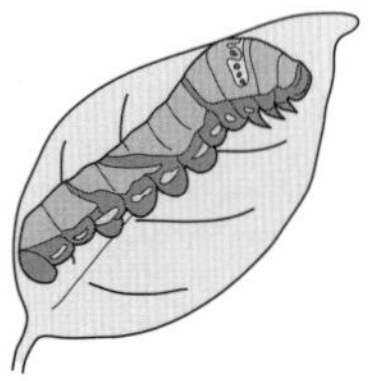

（　　）　（　　）　（　　）　（　　）

11 夏をさがそう

学しゅう日　／

1回目　／100点

答えは106ページ

2回目　／100点

できた！

1 つぎの「お知《し》らせカード」を見て、あとのもんだいに答《こた》えましょう。　（1もん15点《てん》）

お知らせカード

セミのぬけがらを見つけた

8月2日（水）　名前　三木 たかし

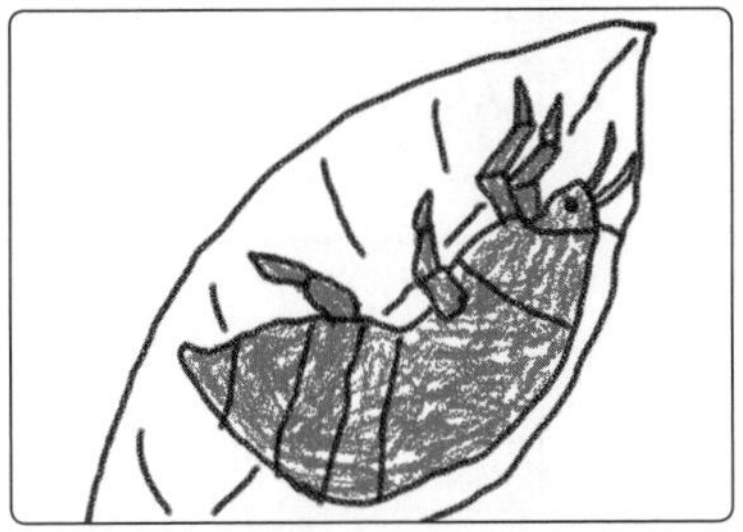

にわの、きんもくせいの木のはにセミのぬけがらがありました。
セミはどこへいったのかな。

① 何《なに》をお知《し》らせしていますか。

［　　　　　　　　］

② だれが書《か》きましたか。

（　　　　　　　　）

③ ①はどこで見つけましたか。

［　　　　　　　　］

④ 三木さんは、どんなことを思いましたか。

［　　　　　　　　　　　　　　　　］

2 つぎの絵《え》の中で、夏《なつ》らしさをあらわしているものに4つ○をつけましょう。　（○…1つ10点）

スイカ

クリ

アサガオ

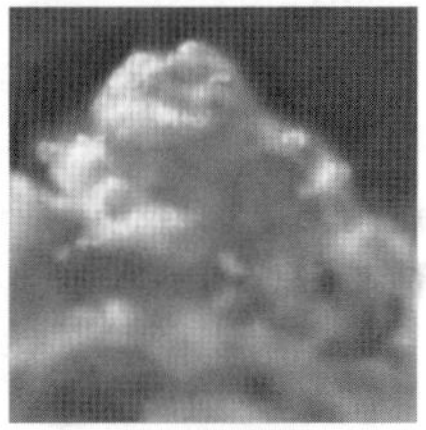

入道雲《にゅうどうぐも》

プール

コオロギ

みのむし

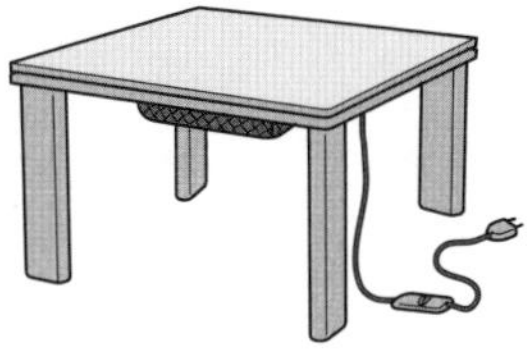

こたつ

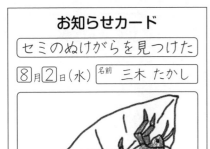

12 うごくおもちゃ

学しゅう日　／

1回目　／100点

答えは106ページ

2回目　／100点

できた！

生活

1 み の回《まわ》りにあるざいりょうで、おもちゃを作《つく》りました。つかったざいりょうを――でむすびましょう。

（1つ15点《てん》）

① 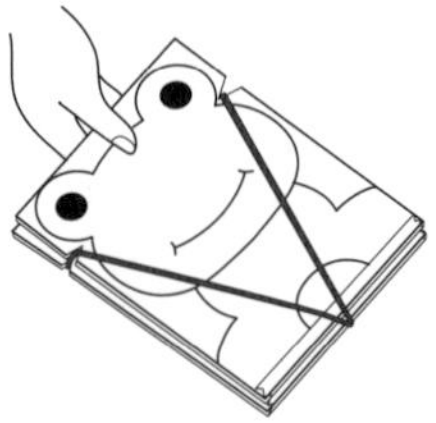　・　　・　㋐ 

② 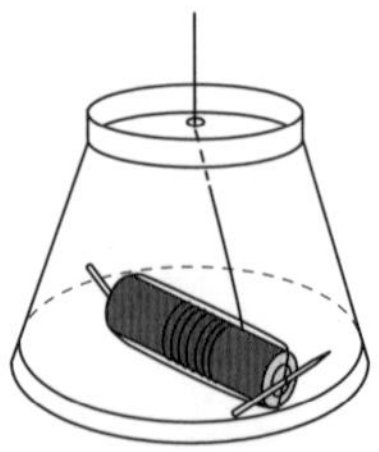　・　　・　㋑ 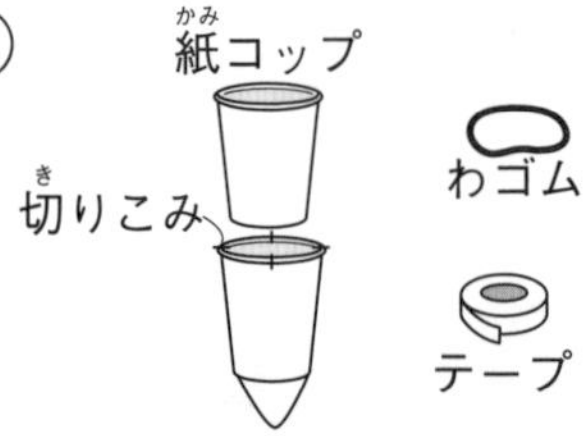

③ 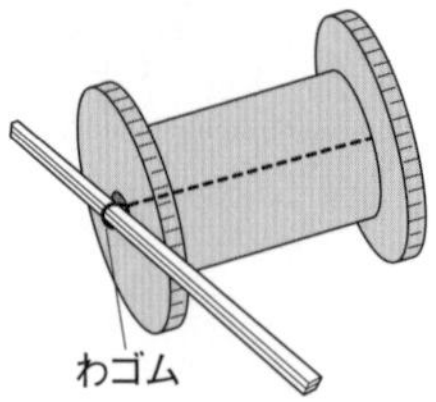

・　　・　㋒ あつ紙（白ボール） 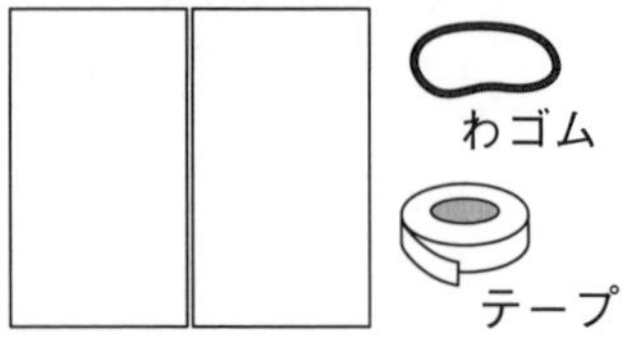

④ 

・　　・　㋓ 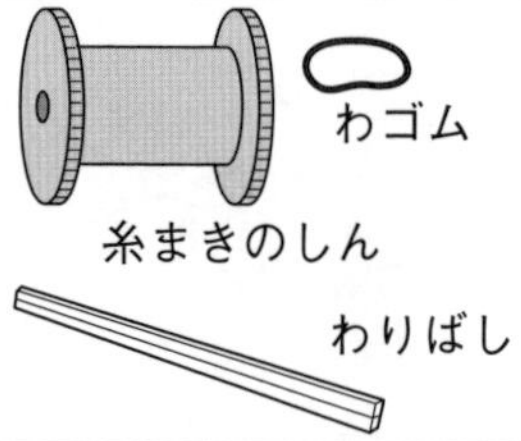

2 つぎのおもちゃの名前《なまえ》とせつめいを――でむすびましょう。

（1つ10点）

① 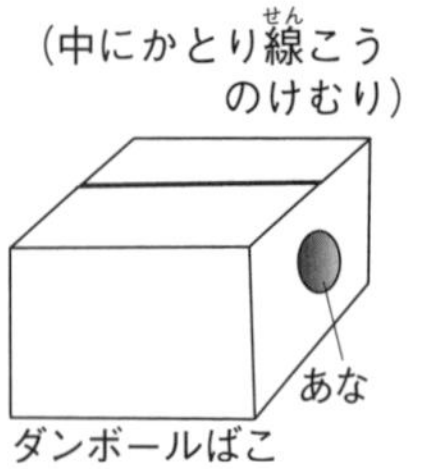

・　　・　㋐ ぶんぶんごま
ひもをひっぱるとぶんぶん回ります。

② 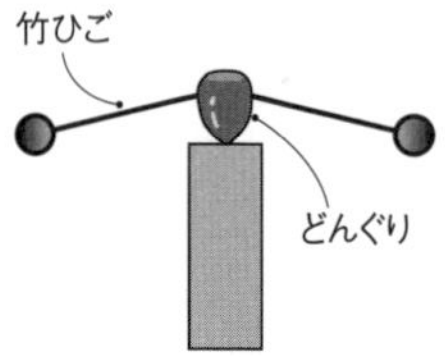

・　　・　㋑ どんぐりやじろべえ
バランスよく、どこにでも立ちます。

③ 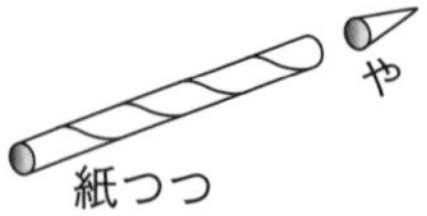

・　　・　㋒ だんボールほう
あなから、いきおいよくけむりがとび出します。

④ 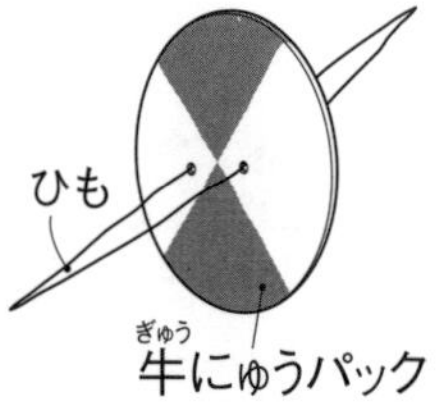

・　　・　㋓ 紙ふきや
こうこくの紙をまいて、つつとやを作ります。

13 秋をさがそう

学しゅう日　／

1回目　／100点

答えは106ページ

2回目　／100点

できた！

1 つぎの「お知《し》らせカード」を見て、あとのもんだいに答《こた》えましょう。（1もん10点《てん》）

お知らせカード

イガグリがおちていた

10月25日（月）　名前　いの上 ゆみ

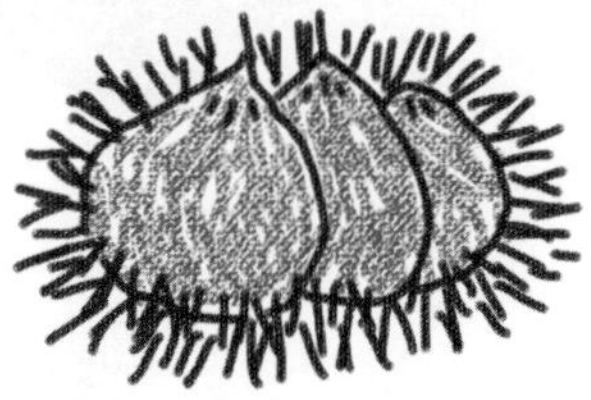

山道《みち》をあるいていると、道ばたにイガグリがおちていた。中には3つにわかれた茶《ちゃ》色のクリのみがが入っていた。

① 何《なに》をお知《し》らせしていますか。

（　　　　　　　）

② いつのことですか。

（　　　　　　　）

③ クリのみは何色《いろ》をしていますか。

（　　　　　　　）

④ クリのみは、どのように入っていましたか。

〔　　　　　　　　　　　　　　　　〕

2 つぎの絵《え》は、秋《あき》になると見られるものです。□に名前《なまえ》をかき、見たことがあるものには（　）に○をつけましょう。（1もん10点）

①

（　）□

②

（　）□

③

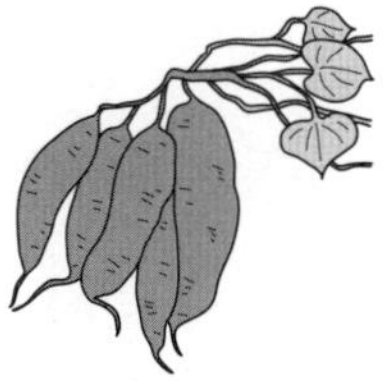

（　）□

④

（　）□

⑤

（　）□

⑥

（　）□

お月見　ジャガイモ　サツマイモ
いねかり　かき　ぎんなん

14 冬をさがそう

学しゅう日 ／

1回目 ／100点

答えは107ページ

2回目 ／100点

できた！

生活

1 つぎの「お知《し》らせカード」を見て、あとのもんだいに答《こた》えましょう。 (1もん10点《てん》)

お知らせカード

さくらの木のえだ

2月26日(木)　名前　広《ひろ》田　まさる

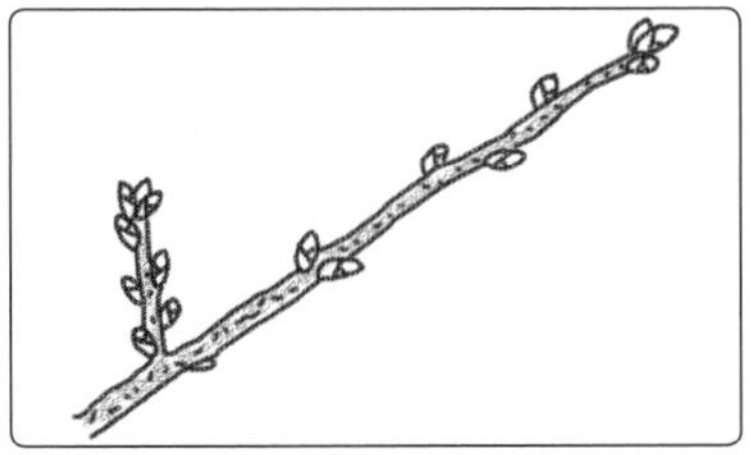

校ていのすみっこのさくらの木のえだに、ポツポツと木のめがついていた。これは、はっぱになるのかな？

① 何《なに》をお知らせしていますか。

(　　　　　　　)

② いつのことですか。

(　　　　　　　)

③ さくらの花は、いつごろにさきますか。正しい方に○をつけましょう。

(春《はる》 ・ 夏《なつ》)

④ 学校のさくらの木は、ふつう、はと花とどちらが先に見られますか。

(　　　　　　　)

2 つぎの絵《え》は、冬《ふゆ》になると見られるものです。□に名前《なまえ》をかき、見たことがあるものには(　　)に○をつけましょう。 (1もん10点)

①

(　　) □

②

(　　) □

③

(　　) □

④

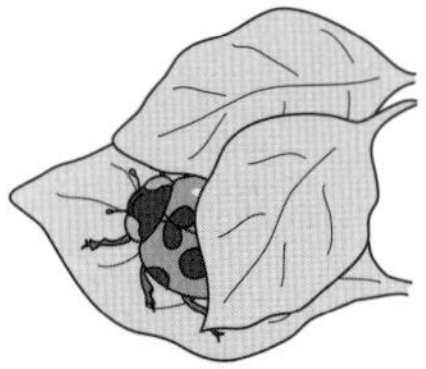

(　　) □

⑤

(　　) □

⑥

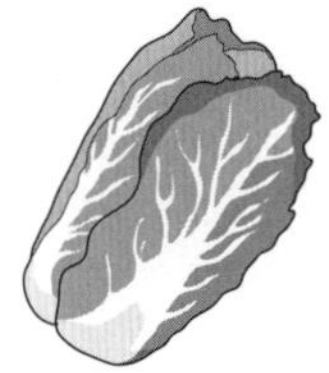

(　　) □

はくさい　　カマキリのたまご　　コマ
ぞうに　　まめまき　　テントウムシ

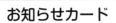

15 図書かんのりよう

答えは107ページ

つぎの図書《としょ》かん新聞《しんぶん》を見て、どんなことがわかりますか。あとのもんだいに答《こた》えましょう。

南《みなみ》図書かん新聞

西《にし》小学校二年三組

（東《ひがし》 たろう　森 だいすけ
林 やよい　山口 みよ）

みなさん、もっと図書かんに行きましょう!!

◪こんなつかい方《かた》もできます。

① こうみんかんでも本をかえせます。

② 図書かんにない本でも、ほかの図書かんにあれば、とりよせてくれます。

◪し書の上田さんに聞《き》きました。おねがいが二つあります。

㋐ 図書かんで読《よ》んだ本は、元《もと》の場《ば》しょにもどしてください。

㋑ みなさん、もっと図書かんに来《き》てください。

(1) どこの図書かんのことをかいていますか。（20点《てん》）

（　　　　　　）

(2) かいた人たちの一番《ばん》いいたいことは、何ですか。（20点）

〔　　　　　　〕

(3) 図書かんのくふうしたつかい方について、みんなにつたえたいことは何ですか。2つかきましょう。（1つ15点）

①（　　　　　　）

②（　　　　　　）

(4) 図書かんのし書の上田さんのおねがいは何ですか。2つかきましょう。（1つ15点）

①（　　　　　　）

②（　　　　　　）

16 大きくなった自分

学しゅう日 ／

1回目 ／100点

答えは107ページ

2回目 ／100点

1 けんこうなくらし、毎日《まいにち》できているものに○をつけましょう。（20点《てん》）

□

早ね・早おき

□

はみがき・おふろ

□

朝《あさ》ごはん

□

手あらい・うがい

2 できるようになったことに○をつけましょう。あいたところは、これからがんばりましょう。（80点）

（　）本読《よ》み　　（　）字がていねい

（　）１年生をあん内《ない》　　（　）友《とも》だちと外《そと》あそび

（　）なわとび　　（　）自《じ》てん車

（　）ゆうぐ　　（　）おつかい

（　）家《いえ》のお手つだい　　（　）おるす番《ばん》

（　）教室《きょうしつ》そうじ　　（　）はっぴょう

（　）あいさつ　　（　）もちもののようい

（　）野《や》さいのせわ　　（　）インタビュー

1 しっぽのはたらき

学しゅう日　／

1回目　／100点

2回目　／100点

文しょうを読《よ》んで答《こた》えましょう。

りすのしっぽは、はたらきものです。

えだの上を走《はし》るとき、右、左にしっぽをふって、おちないようにうまく①バランスをとっています。

木からとび下りるときには、しっぽがふわりと大きく広《ひろ》がり、②パラシュートのようになります。

イルカのしっぽは、大きなおひれです。

イルカのおひれは、よこむきについています。イルカは、③これをうちわのように上下にふって、④ぐんぐんはやくおよぎます。

カバのしっぽは、⑤うんちまきです。

カバは、しっぽをぶんぶんとふって、あちらこちらに⑥自分《じぶん》のうんちをまきます。

これは、そうすることで自分《じぶん》がまい子にならないように⑦うんちのにおいをつけておくためです。

(1) ①でりすはどんなとき、うまくバランスをとっていますか。（10点《てん》）

(2) ②で何《なに》がパラシュートのようになりますか。（10点）

(3) ②でどうするときにそのようになりますか。（15点）

(4) ③の「これ」は何ですか。（15点）

(5) ④はどのようにしてぐんぐんはやくおよぎますか。（10点）

(6) ⑤で何が「うんちまき」ですか。（15点）

(7) ⑥でどこにうんちをまきますか。（10点）

(8) ⑦でなぜカバはうんちのにおいをつけておくのですか。（15点）

答えは107ページ

国語

2 かん字①

学しゅう日　／

1回目　／100点

2回目　／100点

1 つぎのかん字を読《よ》みましょう。（1もん5点《てん》）

① 算数と　生活科。

② 午後からのべん強。

③ 昼食はべん当だ。

④ 店で　新聞を　買う。

⑤ 市内は交通マヒ。

2 つぎのかん字の足《た》りないところを□からえらんでかきましょう。（1もん5点）

① 丁

② 鳥

③ 㕣

④ 田

⑤ 火

糸　禾　亻　舟　口

3 つぎの□にかん字をかきましょう。（1もん5点）

① □《き》□《いろ》い□《ふう》□《せん》。

② □《ほそ》□《なが》い□《し》□《かく》□《けい》。

③ □《きた》□《ぐに》の□《ふゆ》。

④ □《そと》は□《でん》□《せん》に□《ゆき》。

⑤ □《いち》□《ば》の□《あさ》。

⑥ □《ばい》□《ばい》の□《でん》□《わ》。

⑦ □《かたな》で□《にく》を□《き》る。

⑧ □《むら》の□《ふる》い□《やしろ》。

⑨ □《はは》の□《ひと》□《こと》。

⑩ □《ちち》□《おや》の□《きょう》□《だい》。

できた！

答えは107ページ

3 かしこいタコ

学しゅう日　／

1回目　／100点
2回目　／100点

文しょうを読《よ》んで答《こた》えましょう。

きゅうばんのついた八本の足をもつタコ。

いったい㋐どこが頭《あたま》なのでしょう。

【あ】、体をよく見ると、足のつけねの近《ちか》くに二つの目があり、口もあります。じつはそこが頭なのです。大きな頭のようなぶ分《ぶん》はおなかでした。

やわらかい体のほとんどはきん肉《にく》で、ときには、とても強《つよ》い力を出すことができます。

いつもは㋑身《み》を守《まも》るために、まわりのようすに合《あ》わせて、体の色《いろ》や体の形《かたち》をかえたりしています。

タコのえさはおもにカニ、エビ、貝のなかまで、貝がらをじょうずに足でこじ開《あ》けて食《た》べます。

ガラスビンの中に入ったえさを見つけると、じょうずにふたをねじあけ、食べることもできます。

【い】、きけんをかんじると、㋒黒《くろ》いすみをはいて、すがたをかくしてにげることもできます。

タコはたいへんかしこい生きものなのです。

(1) ㋐頭はどこにありますか。（10点《てん》）

(2) あ い にあてはまることばをつぎの中からえらびかきましょう。（1つ10点）

だから　そこで　また　しかし

あ

い

(3) タコの体のほとんどは何《なに》でできていますか。（10点）

(4) ㋑のためにどうしていますか。（20点）

(5) えさはおもに何ですか。（1つ10点）

(6) ㋒はどんなときですか。（10点）

できた！

答えは107ページ

4 かん字②

学しゅう日　／

1回目　／100点

2回目　／100点

できた！　答えは107ページ

1 つぎのかん字を読《よ》みましょう。（1もん5点《てん》）

① 毎朝（　　）の読書（　　）。

② 来週（　　）は遠足（　　）だ。

③ 校歌（　　）を歌（　　）う。

④ 太（　　）い丸太（　　）を組（　　）む。

⑤ 天気（　　）が晴（　　）れてきた。

2 上下のカードを——でむすび、かん字をつくりましょう。（1つ5点）

	①	②	③	④	⑤
上	市・	夋・	攵・	虽・	己・
下	・言	・弓	・彳	・娄	・女

3 つぎの□にかん字をかきましょう。（1もん5点）

① □《あね》の□□□《まんぽけい》。

② □《みなみ》から□《き》た□《とり》。

③ □《あ》け□《がた》に□《な》く。

④ □□□《まいしゅう》□《はし》る。

⑤ □《いえ》から□《ちか》い□□《こうえん》。

⑥ □《いけ》の□□《きんぎょ》。

⑦ □《とも》だちの□《え》。

⑧ □□□□《ずがこうさく》。

⑨ □《さと》へ□《い》った□□《しょうねん》。

⑩ □《あさ》、□《ひる》、□《よる》。

5 こん虫のくらし

学しゅう日　／
1回目　／100点
2回目　／100点

文しょうを読《よ》んで答《こた》えましょう。

こん虫は、ふつう草むらや木の上に①くらしています。

どうぶつの中でも、②鳥《とり》は、たくさんのこん虫を食《た》べて生きています。とても目がよくて、③こん虫のうごきを見つけてとらえます。

こん虫はこの鳥の目から、④見つからないようにかくれているのです。

生きている草はみどり色《いろ》、かれた草や木のみきや土は茶《ちゃ》色です。

ここにすむこん虫の多《おお》くは、体《からだ》の色がみどり色か茶色をしていて、⑤まわりの色にとてもよくにています。

これでは、⑥鳥もかんたんに見つけることができません。そして、⑦多くのこん虫は、鳥がねむっている夜《よる》の間《あいだ》にうごくようにしているのです。

(1) ①でくらしているのは何《なに》ですか。（10点《てん》）
【　　】

(2) (1)はどこにくらしていますか。（10点）
【　　】

(3) ②鳥はどうしていますか。（10点）
【　　】

(4) ③はなぜこん虫のうごきを見つけてとらえることができるのですか。（10点）
□□□□□□□
□□□を□□□。

(5) ④で何がかくれているのですか。（10点）
【　　】が【　　】ので

(6) ⑤のまわりの色はどんな色ですか。（1つ10点）
【　　】と【　　】

(7) ⑥でなぜ鳥はかんたんに見つけることができないのですか。答えになる文に――をひきましょう。（10点）

(8) ⑦のこん虫は、いつうごくようにしていますか。（10点）
【　　】

(9) (8)それは、なぜですか。（10点）
【　　】

できた！
答えは108ページ

6 ことばと文①
しゅ語・じゅつ語

学しゅう日　／

1回目　／100点

2回目　／100点

できた！

答えは108ページ

1 つぎのしゅ語《ご》（何《なに》がにあたることば）に＝＝を、じゅつ語（どうしたにあたることば）に〜〜をひきましょう。（1もん8点《てん》）

① 星《ほし》が、光《ひか》る。

② ぼくが、走《はし》る。

③ ゆう園《えん》地《ち》は、楽《たの》しい。

④ ひまわりは、黄《き》色《いろ》い。

⑤ カラスは、鳥《とり》だ。

2 つぎの文のしゅ語を□に、じゅつ語を□にかきましょう。（1もん8点）

① どうぶつ園《えん》のトラは、おとなしい。

□→□。

② 秋《あき》には、トンボがたくさんとびます。

□→□。

③ お母《かあ》さんのごはんはおいしい。

□→□。

④ となりの犬が大声でほえます。

□→□。

⑤ このボールは、おたんじょう日のプレゼントだ。

□→□。

3 つぎの□に合《あ》うしゅ語と、□に合うじゅつ語を□からえらんでかきましょう。（1もん10点）

① □は中学生だ。

② 母は水えいの□。

コーチだ	とくいです	姉
赤ちゃん		

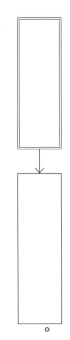

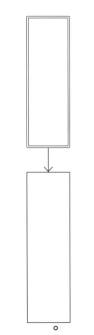

7 ねらわれつづけるモンシロチョウ

学しゅう日　／

1回目　／100点

2回目　／100点

できた！
答えは108ページ

文しょうを読《よ》んで答《こた》えましょう。

①一ぴきのモンシロチョウのメスは、およそ三百こほどのたまごをうみます。

②しかし、せい虫《ちゅう》にまでそだつのは、そのうちのたった二、三びきです。なぜ、そんなに少《すく》ないのでしょう。

じつは、ハチやカメムシのなかまが、えさとしてたえず③このたまごをねらっているのです。

とくに、コマユバチは、④モンシロチョウのよう虫の体《からだ》の中にたまごをうみつけます。そして、そのかえったよう虫は、モンシロチョウのよう虫をえさにして、大きくなるのです。

［　⑤　］キャベツについたよう虫は、のう家《か》の人に、さっ虫ざいで、⑥ころされてしまいます。さらには、小鳥《ことり》もねらっています。

こうした中で、モンシロチョウがせい虫にまでそだっても、⑦クモやカマキリのえさとなってしまいます。

ゆうがにとんで見えるモンシロチョウも、きびしい自《し》ぜんの中で生きているのです。

(1) ①で何《なに》がおよそ三百こほどのたまごをうむのですか。（10点）

［　　　］

(2) ②の「その」とは、何ですか。（20点）

［　　　］のうち

(3) ③で何がたまごをねらっていますか。どうしてねらうのですか。（1つ10点）

［　　　］［　　　］

どうして［　　　］

(4) ④でモンシロチョウのよう虫にたまごをうみつけるのは何ですか。（10点）

［　　　］

(5) ⑤にあてはまることばをえらんで○をつけましょう。（10点）

（　）また　（　）そして　（　）しかし

(6) ⑥で何がころされてしまうのですか。（10点）

［　　　］

(7) ⑦でクモやカマキリのえさとなるのは何ですか。（10点）

［　　　］

国語

8 かん字 ③

学しゅう日　／

1回目　／100点

2回目　／100点

できた！
答えは108ページ

1 つぎのかん字を読《よ》みましょう。（1もん5点《てん》）

① 里山（　　）で 馬（　　）が 走（　　）る。

② 鳥（　　）が 羽（　　）を 休（　　）める。

③ 自分（　　）の 考（　　）えを 言（　　）う。

④ 夏（　　）の 入道雲（　　）。

⑤ 角（　　）の 三角公園（　　）。

2 かん字を正しく組《く》み立てましょう。（1もん5点）

① 儿＋冖＋士 → □

② 朩＋人＋艹 → □

③ 八＋目＋罒 → □

④ 冋＋亠＋口 → □

⑤ 言＋五＋口 → □

3 つぎの□にかん字をかきましょう。（1もん5点）

① □□《てんき》が□《は》れる。

② □□《ごご》の□□《あきぞら》。

③ □□《まるがお》の□□《きょうだい》。

④ □□□《せいかつか》の□□《じかん》。

⑤ □□《のはら》から□《かえ》る。

⑥ □□□《おんがくしつ》の□□《うたごえ》。

⑦ □《はる》の□□《だいち》。

⑧ □□《ゆみや》を□《ひ》く。

⑨ お□《てら》の□《まえ》の□《みせ》。

⑩ □□《りか》の□□□《いとでんわ》。

9 パン工場のしごと

学しゅう日　／

1回目　／100点
2回目　／100点

文しょうを読《よ》んで答《こた》えましょう。


　ぼくが、工場《こうじょう》につくと、ざいりょうを入れるそうこにトラックが小麦《こむぎ》こをはこんできたところでした。

　工場の中では、みんな白いふくをきています。ぼうしもくつも白です。

　小麦こや、いろいろなざいりょうを入れて、大きなきかいでねっていきます。

　ねったざいりょうは、あたたかいへやにはこばれます。ずいぶん、㋐ふくらんでいました。さとうやバターを入れてねったものを「きじ」といいます。ふくらんだ「きじ」を、きかいで同《おな》じ大きさに切《き》ります。そして、パンのかたに入れて、もう一どふくらませます。ふくらんだパンの「きじ」がベルトにのって、大きなオーブンに入っていきます。

　㋑やきあがったパンは、ひやしてから、きかいで同じあつさに切り、ふくろに入れます。

　パンを数《かぞ》えて、はこにつめる人やトラックにそのはこをつみこむ人もいました。

(1) パンができるじゅん番《ばん》を（　）にかきましょう。（1つ8点《てん》）
（　）もう一どきじをふくらませる。

（　）オーブンでやく。

（　）いろいろなざいりょうを入れてねる。
（1）トラックが小麦こをはこびこむ。
（　）きじを同じ大きさに切る。

（　）ふくろに入れ、はこにつめる。

(2) 工場ではたらく人は、どんなふくをきていますか。（10点）
［　　　］

(3) ㋐の文で、何がふくらんでいたのですか。（10点）
［　　　］

(4) 「きじ」とは何ですか。（10点）
［　　　］

(5) ㋑の「やきあがったパン」はどうしますか。三つかきましょう。（1つ10点）
［　　　］
［　　　］
［　　　］

できた！

答えは108ページ

国語

10 かん字④

学しゅう日　／

1回目　／100点

2回目　／100点

できた！

答えは108ページ

1 つぎのかん字を読《よ》みましょう。（1もん5点《てん》）

① 雪（　）の中（　）を　弟（　）と　歩（　）く。

② 紙（　）を　小刀（　）で　切（　）った。

③ 古里（　）は　近（　）い。

④ 谷川（　）の　大（　）きな　岩（　）。

⑤ 牛（　）の　鳴（　）き　声（　）。

2 □に合《あ》うかん字を▢からえらんでかきましょう。（1もん5点）

① 男（上）・女（左）→□

② 学（上）・休（左）→□

③ 出（上）・花（左）→□

④ 文（上）・赤（左）→□

⑤ 空（上）・電（左）→□

子　車　火　校　字

3 つぎの□にかん字をかきましょう。（1もん5点）

① □□《たすう》の□□《もじ》。

② □□《きんよう》の□□《しんぶん》。

③ □《あき》の□□《どくしょ》。

④ □《ほし》の□《よわ》い□《ひかり》。

⑤ □《かぜ》が□□《あまど》をうつ。

⑥ □《かえ》り□《みち》は□《とお》い。

⑦ □□《とうきょう》行きの□□《れっしゃ》。

⑧ □《いわ》の□《あいだ》から□《み》る。

⑨ □《むぎ》と□《こめ》の□《しょく》じ。

⑩ □《おな》じ□《かたち》に□《なお》す。

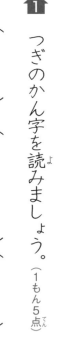

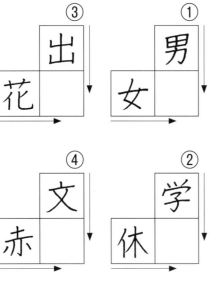

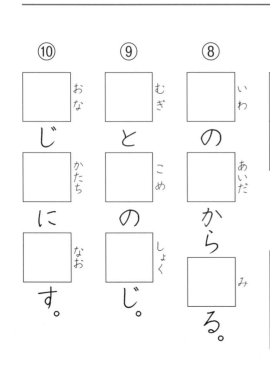

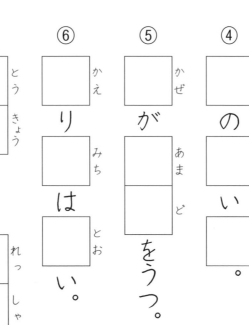

11 はたらく自どう車

学しゅう日 ／

1回目 ／100点

2回目 ／100点

できた！
答えは108ページ

文しょうを読《よ》んで答《こた》えましょう。

工《こう》じげん場《ば》でははたらく自《じ》どう車にはゝたくさんのしゅるいがあります。

よく見るのが、ショベルカーやブルドーザーでしょう。

ショベルカーは、大へんな力もちで、前《まえ》についたバケットで、地《じ》めんをほり、①土やすなをすくい上げることができます。

[あ]、ブルドーザーもそれ②にまけないくらい力が強《つよ》く、前についたはで土をけずり、おしてはこびます。

[い]、道《どう》ろをあちこちへと走《はし》っている③ダンプカーとミキサー車です。

④ダンプカーは、おもい土や石をたくさんはこぶ車です。に台《だい》を大きくかたむけて⑤一どににもつをおろすことができます。

⑥ミキサー車は、コンクリートがかたまらないように、かきまぜながらはこぶ車です。止《と》まっているときにも、に台はゆっくり回《まわ》っています。

これらの自どう車が、トンネルやはしやビルなどを作《つく》るのにやく立っているのです。

(1) ①で土やすなをすくい上げることができるのは、どの自どう車ですか。（10点《てん》）

(2) [あ][い]にあてはまることばを［　］からえらんでかきましょう。（1つ10点）

すると　また　つぎは　つまり

あ［　　］

い［　　］

(3) ②でブルドーザーは、何にまけないくらい力が強いのですか。（15点）

(4) ③の車はどこで見られますか。（10点）

(5) ④はどんな車ですか。（15点）

［　　　　］車です。

(6) ⑤でどのようにして一どににもつをおろしますか。（15点）

［　　　　て］

(7) ⑥の車は、なぜかきまぜながらはこぶのですか。（15点）

［　　　　ようにするため］

国語

12 ことばと文② つなぎことば

学しゅう日　／

1回目　／100点

2回目　／100点

できた！答えは109ページ

1 つぎの文のつなぎことばで、正しい方《ほう》をかこみましょう。（1もん10点《てん》）

① パンやさんに行《い》きました。{ ところが / それで } カレーパンはありませんでした。

② かさをもって出かけました。{ でも / そのうえ } 雨はふりませんでした。

③ 電気《でん》のスイッチを入れた。{ すると / しかし } へやは明《あか》るくならない。

④ 今日はわたしのすきな図工《ずこう》がある。{ だから / さらに } 体いくもある。

2 つぎの（　）に合《あ》うつなぎことばを□からえらんでかきましょう。（1もん15点）

① いっしょうけんめい走《はし》った。（　　　）、バスにのりおくれた。

② こんばんは、星《ほし》がたくさん見えています。（　　　）、明日《あす》はきっと晴《は》れるでしょう。

③ こんどの休みは山へ行こうか。（　　　）、海《うみ》へ行こうか。

④ 学校へ行きました。（　　　）、校門《もん》でりんさんに会いました。

それとも　だから　すると　しかし

13

うごくカメのおもちゃ

学しゅう日　／

1回目　／100点
2回目　／100点

できた！

答えは109ページ

文しょうを読《よ》んで答《こた》えましょう。

ゴムの力でうごくカメを作《つく》ります。

[①] うごくしかけを作ります。用《よう》いした電池《でんち》のたての方《ほう》こうにわゴムを二本かけて、セロテープでとめておきます。（図《ず》あ）

[②] カメの体《からだ》を作ります。まず、空きカップのふちに、わゴムをかける切《き》りこみを入れます。はんたいがわにも切りこみを入れます。（図い）

そして、その切りこみに、たてにした電池にセロテープでとめておいたわゴムをかけます。（図う）

[③] カップの上にたこ糸を通《とお》すあなをあけて、カップの中にたこ糸を通します。そのたこ糸は、はしを電池にセロテープでとめ、十回《じっかい》くらいまきつけておきます。（図え）

[④] しあげをします。工作用《こうさくよう》モールや色紙《いろがみ》で、カメになるように形《かたち》やもようを作ります。

ひもを引《ひ》くと、カメがすすみ、ゆるめると元《もと》にもどろうとする、うごくおもちゃのでき上がりです。（図お）

---

(1) つぎの図は、上の図あ〜おのどれにあたりますか。（　）に記《き》ごうをかきましょう。（1つ5点《てん》）

①（　）

②（　）

③（　）

④（　）

⑤（　）
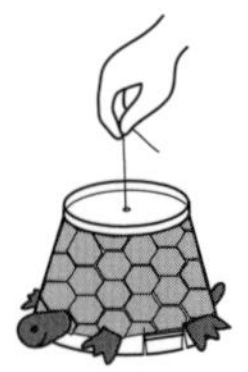

(2) ①〜④にあてはまることばを[　]からえらんでかきましょう。（1つ10点）

① [　]
② [　]
③ [　]
④ [　]

さいごに　つぎに　はじめに　それから

(3) つかったどうぐ・ざいりょうに7つ○をつけましょう。（1つ5点）

（　）たこ糸　（　）セロテープ
（　）空きカップ　（　）わゴム
（　）電池　（　）のり
（　）はさみ　（　）ホッチキス
（　）色紙　（　）はし
（　）画用紙《がようし》
（　）はっぽうスチロール

国語

14 かん字 ⑤

学しゅう日　／

1回目　／100点

2回目　／100点

できた！

答えは109ページ

1 つぎのかん字を読《よ》みましょう。（1もん5点《てん》）

① 一時間半（　　）休（　　）む。

② 天才（　　）が　百点（　　）をとる。

③ 毎日（　　）の　作文（　　）。

④ 交番（　　）が　自（　　）たくの　前（　　）。

⑤ 太（　　）い　毛糸（　　）であむ。

2 つぎの□にあてはまるなかまのかん字をかきましょう。（1もん5点）

① 市―町―□

② 大―□―小

③ 朝―□―夜

④ 東―西―□―北

⑤ 春―夏―□―冬

3 つぎの□にかん字をかきましょう。（1もん5点）

① □□《ことり》の□《はね》。

② □□《もとどお》りに□《なお》す。

③ □□《しゃちゅう》で□《ひる》ねする。

④ □《くみ》の色は□□《ちゃいろ》だ。

⑤ □《こころ》の□《うち》を□《し》る。

⑥ □□《こうえん》を□《はし》る。

⑦ かべに□《あ》てて□《と》まる。

⑧ □《かみ》を□《かたな》で□《き》る。

⑨ よく□《かんが》えて□《こた》える。

⑩ この□□《ほうがく》は□《ひがし》だ。

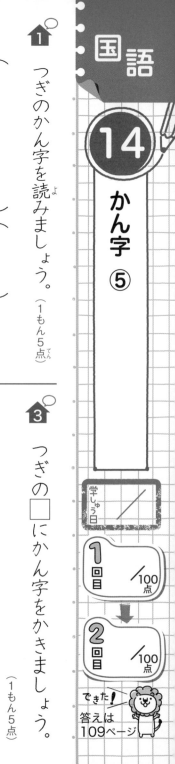

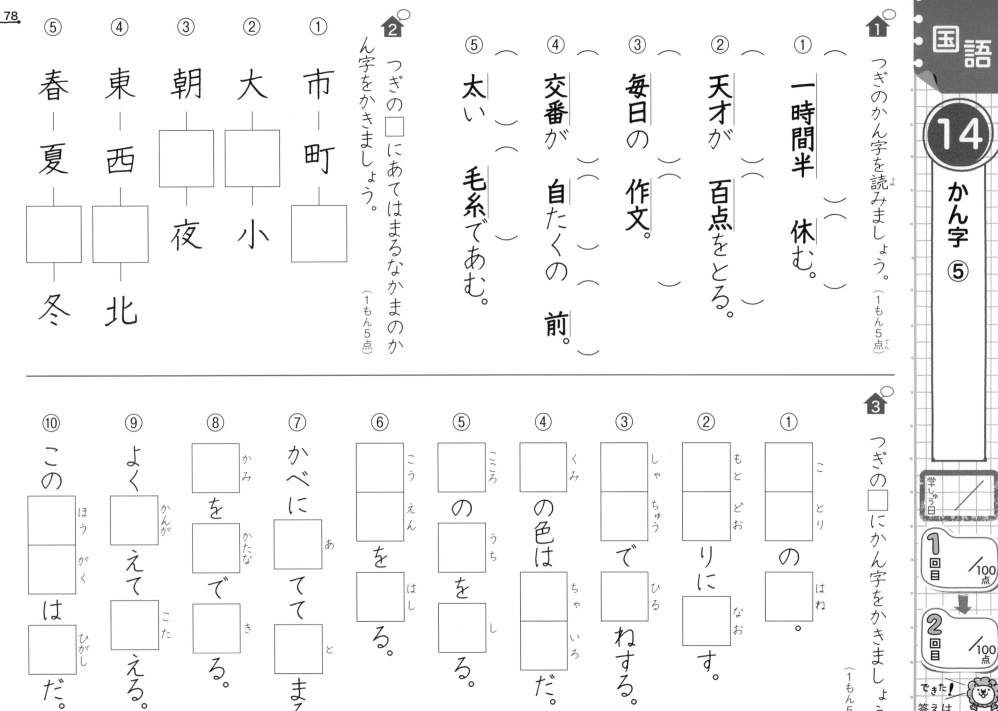

15 学校のさくらの木

学しゅう日　／

1回目　／100点
2回目　／100点

できた！ 答えは109ページ

文しょうを読《よ》んで答《こた》えましょう。

ある、小学校のうんどう場《じょう》に、一本の大きなさくらの木がありました。えだを①四方《しほう》にひろげて、夏《なつ》になると、②その木の下は、日かげができて、すずしかったのです。

③子どもたちは、たくさんその木の下にあつまりました。中には、のぼって、せみをとろうとするものがあれば、また、赤くなったさくらんぼをとろうとするものもありました。

さくらの木は、ちょうどお母《かあ》さんのように、子どもたちのするままにまかせていました。［④］、子どもたちの、楽《たの》しそうにあそぶようすを見下ろしながら、⑤いつも、にこにことわらっているように見うけられました。

「太《ふと》い木だなあ。」

と言《い》って、むじゃきな子どもたちは、小さなりょう手をひらいて、太いみきにだきついて、見上げるものもあれば、

「いい木だなあ。」

と、いまさらのように、⑥かんしんして、ながめるものもありました。

小川未明《おがわみめい》（青空文庫《あおぞらぶんこ》）

(1) ①の「四方にひろげて」のいみを一つえらんで○をつけましょう。（15点《てん》）

㋐（　）あちこちにちらかす。
㋑（　）ぜんぶの方こうにのびている。
㋒（　）ていねいにのばす。

(2) ②のその木とは何《なに》の木ですか。（10点）

［　　　　］

(3) ③で子どもたちは木の下で何をしましたか。二つかきましょう。（1つ15点）

［　　　　］
［　　　　］

(4) ④にあてはまることばをえらんで○をつけましょう。（15点）

㋐（　）だから　㋑（　）しかし
㋒（　）そして

(5) ⑤で何がわらっているように見うけられたのですか。（15点）

［　　　　］

(6) ⑥でかんしんして、ながめるものは何といいましたか。（15点）

「　　　　」。

国語

16 かん字⑥

学しゅう日　／

1回目　／100点

2回目　／100点

できた！

答えは109ページ

1 つぎのかん字を読《よ》みましょう。（1もん5点《てん》）

① 古（　　）い　弓矢（　　）と　刀（　　）。

② 画用紙（　　）を　切（　　）る。

③ 兄弟（　　）の　よくにた顔（　　）。

④ 金曜日（　　）は　きゅう食（　　）なし。

⑤ 親友（　　）からの　電話（　　）。

2 つぎのかん字と組《くみ》になるかん字をかきましょう。（1もん5点）

① 父―□

② 子―□

③ 前―□

④ 天―□

⑤ 姉―□

3 つぎの□にかん字をかきましょう。（1もん5点）

① □《ふと》い□《け》□《いと》。

② □《にっ》□《き》の□《か》き□《かた》。

③ □《にし》の□《そら》が□《は》れる。

④ □《いち》□《じ》□《かん》□《はん》□《やす》む。

⑤ □《ひゃく》□《てん》をとる□《てん》□《さい》。

⑥ □《ぶん》を□《なん》□《かい》も□《か》く。

⑦ □《こう》□《もん》で友と□《あ》った。

⑧ □《ゆき》□《みち》を□《ある》く。

⑨ □《じ》たく□《まえ》の□《こう》□《ばん》。

⑩ □《たか》い□《にん》□《ぎょう》。

17 王さまとくつや

学しゅう日　／

1回目　／100点

2回目　／100点

文しょうを読《よ》んで答《こた》えましょう。

ある日、①王さまはこじきのようなようすをして、ひとりで町へやってきました。

町には小さなくつやが一けんあって、おじいさんがせっせと②くつを作《つく》っておりました。

王さまはくつやの店《みせ》に入って、

「これこれ、じいや、③そのほうはなんという名前《なまえ》か。」

とたずねました。

くつやのじいさんは、そのかたが④王さまであるとは知《し》りませんでしたので、

「人にものをきくなら、もっとていねいに言《い》うものだよ。」

と、⑤つっけんどんに言って、とんとんとしごとをしていました。

「これ、名前はなんともうすぞ。」

とまた王さまはたずねました。

「⑥人に口をきくには、もっとていねいに言うものだというのに。」

とじいさんはまた、ぶっきらぼうに言って、しごとをしつづけました。

新美南吉《にいみなんきち》（青空文庫《あおぞらぶんこ》）

(1) ①の王さまはどんなようすでしたか。（15点《てん》）

「　　」

(2) ②でだれがくつを作っていましたか。（15点）

「　　」

(3) ③のそのほうとはだれのことですか。（15点）

「　　」

(4) ④でくつやのおじいさんには、なぜ王さまだとわからなかったのですか。（15点）

「　　」

(5) ⑤の「つっけんどん」と同《おな》じようないみでつかわれていることばを、文中から見つけてかきましょう。（20点）

□□□□□□

(6) ⑥の「人に口をきく」と同じいみのことばをえらんで○をつけましょう。（20点）

ア（　）人の口を見る。

イ（　）口とは何《なに》かを聞《き》く。

ウ（　）人にむかって話《はな》す。

できた！
答えは109ページ

国語

18 ことばと文③

こそあどことば

学しゅう日　／

1回目　／100点

2回目　／100点

できた！

答えは109ページ

1 絵《え》を見て（　）に合う、こそあどことばを○でかこみましょう。（1もん10点《てん》）

① 

（あの・どの）魚《さかな》はさばです。

② 

（これ・この）虫はほたるです。

③ 

えきは（どこ・それ）だろう。

④ 

（あれ・どの）プレゼントがほしいですか。

⑤ 

（これ・その）はさくらの木です。

⑥ 

（あそこ・あの）は公園《こうえん》です。

2 つぎのこそあどことばは、何《なに》をさしていますか。（　）にかきましょう。（1もん10点）

① かさ立てに青いかさが一本あります。それは、ぼくのかさです。

（　　　　）

② むこうに赤いやねの家《いえ》が見えます。あの家は、わたしのおじさんの家です。

（　　　　）

③ 山のてっぺんに小さなたてものがあります。あれは、山ごやです。

（　　　　）

④ 工じ中のところまで歩《ある》いてきました。すると「ここはキケン！入るな」と書《か》かれていました。

（　　　　）

19 しゃしんやさん

学しゅう日　／

1回目　／100点

2回目　／100点

文しょうを読《よ》んで答《こた》えましょう。

正《しょう》ちゃんはすべり台《だい》にのってあそんでいました。そこへ、かみの長《なが》いしゃしんやさんがはいってきて、

「ひとつ、うつさせてくださいませんか。」

と、たのみました。このしゃしんやさんは㋐きかいをさげて、ごようをききに歩《ある》くのです。

「子どもをとってもらいましょうか。」

と、お母《かあ》さんはおっしゃいました。

「かしこまりました。」

しゃしんやさんは、正ちゃんをすべり台の上へかけさせ、お姉《ねえ》さんにランドセルをしょわせて、下へ立たせました。

「㋑ぼっちゃん、お口をふさいで。」

と、しゃしんやさんが言《い》いますと、正ちゃんは、ああんと口をあけました。

「ぼっちゃん、いい子ですから、わらってくださいね。」

と、しゃしんやさんが言いますと、正ちゃんは、したをぺろりと出しました。これを見ていたお友《とも》だちは、正ちゃんの㋒わんぱくにあきれました。

小川未明《おがわみめい》（青空文庫《あおぞらぶんこ》）

(1) 正ちゃんは、何《なに》をしてあそんでいましたか。（10点《てん》）

「　　　あそんでいました。」

(2) どんなしゃしんやさんですか。（15点）

「　　　」

(3) ㋐のきかいとは何ですか。（15点）

「　　　」

(4) しゃしんやさんは、正ちゃんとお姉さんをどうさせましたか。（1つ15点）

正ちゃん「　　　」

お姉さん「　　　」

(5) ㋑はだれのことですか。（10点）

「　　　」

(6) ㋒のわんぱくなようすを二つかきましょう。（1つ10点）

「　　　」

「　　　」

できた！

答えは109ページ

国語

20

かん字 ⑦

学しゅう日 ／

1回目 ／100点

2回目 ／100点

できた！

答えは110ページ

1

つぎのかん字を読《よ》みましょう。（1もん5点《てん》）

① 数直線（　　）を引（　　）く。

② 船長（　　）は大男（　　）です。

③ 朝食（　　）はお茶（　　）づけだ。

④ 遠足（　　）はどうぶつ園（　　）。

⑤ 野原（　　）を馬（　　）がかける。

2

つぎの——を引いたよみをかきましょう。（1もん5点）

① 楽（　　）しい話—楽（　　）き

② 工作（　　）—パンを作（　　）る

③ 方角（　　）—やり方（　　）

④ 船（　　）たび—風船（　　）

⑤ 国語（　　）—遠（　　）い国

3

つぎの□にかん字をかきましょう。（1もん5点）

① □□□《しちょうそん》の□□《ちず》。

② □□《おんがく》のべん□《きょう》。

③ □□《ばいてん》の□□《しんぶん》。

④ □□《にっき》を□《か》く。

⑤ □□《さんすう》は□□《ひゃくてん》。

⑥ □《なつ》の□□□《にゅうどうぐも》。

⑦ □□《きいろ》い□□□《がようし》。

⑧ □□□《どようび》は□《やす》み。

⑨ □《かど》の□□□□《さんかくこうえん》。

⑩ □《くび》が□□《ほそなが》い□《とり》。

21 赤いろうそく ①

学しゅう日　／

1回目　／100点

2回目　／100点

できた！

答えは110ページ

文しょうを読《よ》んで答《こた》えましょう。

山から里《さと》のほうへ、あそびに行《い》ったさるが、一本の赤いろうそくを、ひろいました。赤いろうそくは、たくさんあるものではありません。それでさるは、①赤いろうそくを、花火だと思《おも》いこんでしまいました。

さるは、ひろった赤いろうそくを、だいじに山へもって帰《かえ》りました。

山では、②たいへんなさわぎになりました。なにしろ、花火などというものは、しかにしても、いのししにしても、うさぎにしても、かめにしても、いたちにしても、たぬきにしても、きつねにしても、まだ、一ども見たことがありません。その花火を、さるがひろってきたというのであります。

しかやいのししやうさぎやかめやいたちやたぬきやきつねが、おし合《あ》いへし合いして赤いろうそくをのぞきました。するとさるが、

「あぶない、あぶない。そんなに近《ちか》よってはいけない。ばくはつするから。」

と言いました。

みんなはおどろいてⒶしりごみしました。

新美南吉《にいみなんきち》（青空文庫《あおぞらぶんこ》）

(1) ①について、どうして花火だと思いこんだのですか。（20点）

［　　　　　　　　］

(2) 赤いろうそくを、どこへ、どのようにもって帰りましたか。（1つ15点《てん》）

どこへ…［　　　　　　］

どのように…［　　　　　　］

(3) ②について、どこでさわぎになりましたか。（20点）

［　　　　　　］

(4) なぜさわぎになりましたか。（20点）

山のどうぶつたちは、□□□□□□□□□は□□□□□□□□□□から。

(5) Ⓐのことばのいみとして正しい方《ほう》に○をつけましょう。（10点）

㋐（　）やる気にあふれる。

㋑（　）後《あと》ずさりする。

22 かん字 ⑧

学しゅう日　／

1回目　／100点

2回目　／100点

1

つぎのかん字を読《よ》みましょう。（1もん5点《てん》）

① 先生と出会う。（　　）（　　）

② 首ふり人形。（　　）（　　）

③ 多数のかん字。（　　）（　　）

④ 風船に手紙をつける。（　　）（　　）

⑤ 北の方角の星。（　　）（　　）（　　）

2

つぎの□にあてはまるかん字をかきましょう。（1もん5点）

① 汽□《しゃ》ー会□《しゃ》

② 電□《ち》ーじゅうたく□《ち》

③ 新□《ぶん》ー作□《ぶん》

④ □《じ》こくー□《じ》分

⑤ 親□《ゆう》ー□《ゆう》方

3

つぎの□にかん字をかきましょう。（1もん5点）

① □《や》□《ちょう》の□《はね》。

② □《くさ》□《はら》にいる□《うし》。

③ □《ご》□《ぜん》と□《ご》□《ご》。

④ きゅう□《しょく》□《とう》□《ばん》。

⑤ □《はる》の□《えん》□《そく》。

⑥ □《すう》□《ちょく》□《せん》を□《ひ》く。

⑦ □《がい》□《こく》□《じん》の□《せん》□《ちょう》。

⑧ □《らい》□《しゅう》は□《おん》□《がく》□《かい》。

⑨ □《ちゅう》□《しょく》は、やき□《にく》だ。

⑩ 交さ□《てん》で□《こう》□《つう》じこ。

できた！

答えは110ページ

23 赤いろうそく ②

学しゅう日 ／

1回目 ／100点

2回目 ／100点

できた！ 答えは110ページ

文しょうを読《よ》んで答《こた》えましょう。

いよいよこれから花火をうち上げることになりました。しかし㋐こまったことができました。ともうしますのは、だれも花火に火をつけようとしなかったからです。みんな花火を見ることはすきでしたが火をつけにいくことは、すきでなかったのであります。これでは花火は上がりません。そこで㋑くじを引《ひ》いて、火をつけに行《い》くものをきめることになりました。

だい一に当《あ》たったものはかめでありました。かめは元気《げんき》を出して、花火の方《ほう》へやって行きました。だがうまく火をつけることができたでしょうか。

㋒かめは花火のそばまで来《く》ると、首《くび》がしぜんに引っこんでしまって出て来《こ》なかったのでありました。

㋓そこでくじがまた引かれて、こんどはいたちが行くことになりました。㋔いたちはかめよりはいくぶんましでした。というのは首を引っこめてしまわなかったからであります。

新美南吉《にいみなんきち》（青空文庫《あおぞらぶんこ》）

(1) ㋐のこまったこととは何《なに》ですか。□にかきましょう。(20点《てん》)

□□□□□□□□□□□□□□□□□□□□□から。

(2) ㋑でくじを引いて、何をきめましたか。□にかきましょう。(20点)

□□□□□□□をきめた。

(3) ㋒に入る文はどれですか。○をつけましょう。(20点)

① （　）できました。

② （　）いえ、いえ。

③ （　）できたかもしれません。

(4) ㋓と同《おな》じ使《つか》い方《かた》をしている文に○をつけましょう。(20点)

① （　）わすれ物《もの》をした。そこで、友《とも》だちに借《か》りた。

② （　）公園《こうえん》でやくそくをした。そこでいっしょにあそんだ。

(5) ㋔でどうしていたちは、かめよりはましだったのですか。(20点)

□□□□□□□□□□□□□□から。

国語

24 ことばと文④ はんたいことば・組になることば

学しゅう日　／

1回目　／100点

2回目　／100点

できた!

答えは110ページ

つぎのことばの、はんたいのいみのことばを□からえらんで〔　〕にかきましょう。

(1)　（1もん5点《てん》）

① 明《あか》るい〔　　〕

② あつい〔　　〕

③ うれしい〔　　〕

④ 長《なが》い〔　　〕

つめたい　くらい　かなしい　みじかい

(2)　（1もん5点）

① あさい〔　　〕

② あまい〔　　〕

③ 遠《とお》い〔　　〕

④ 多《おお》い〔　　〕

からい　少《すく》ない　ふかい　近《ちか》い

(3)　（1もん6点）

① 売《う》る〔　　〕

② かつ〔　　〕

③ あける〔　　〕

④ のびる〔　　〕

⑤ 入れる〔　　〕

⑥ 生きる〔　　〕

しぬ　出す　しめる　ちぢむ　買《か》う　まける

(4)　（1もん6点）

① せめる〔　　〕

② おす〔　　〕

③ かりる〔　　〕

④ しずむ〔　　〕

まもる　うく　かす　ひく

25

まとめ

カラカルの大ジャンプ

学しゅう日 ／

1回目 ／100点

2回目 ／100点

できた！ 答えは110ページ

1 文しょうを読《よ》んで答《こた》えましょう。

アフリカの草原《そうげん》にすむカラカルは、私《わたし》たちがよく見る㋐ネコのなかまです。長《なが》くほっそりした足をもち、耳は、三角形《さんかくけい》で先にとくちょうのある毛《け》がついています。

体長《たいちょう》は、やく八十センチメートルくらいで少《すこ》し大きめです。

なかまを作《つく》らず一ぴきで生活《せいかつ》し、昼《ひる》の間《あいだ》は、岩《いわ》のすきまやキツネなどのすてたあなにかくれています。

その上、とても用心《ようじん》ぶかく、㋑なかなかすがたは見られません。

えものはおもに鳥《とり》やネズミなどの小どうぶつです。

草かげにかくれて、えものにそっと近《ちか》づき、長く強《つよ》い後《うし》ろ足で㋒大きくジャンプしてつかまえます。このジャンプは、高《たか》さ三メートルまでとびあがることができます。

とくいの大ジャンプで、とび立とうとする鳥をもおとしてしまいます。

(1) ㋐のネコのなかまは何《なに》ですか。（12点《てん》）

(2) (1)の耳はどんな形《かたち》ですか。（12点）

(3) ㋑のわけをかいている文、二つに〰〰を引《ひ》きましょう。（1つ12点）

(4) ㋒は何をつかってしますか。（12点）

2 正しい方《ほう》に○をしましょう。（1もん5点）

① わる{ぢ・じ}え

② み{ぢ・じ}かなところ

③ テストに{ぢ・じ}しんがある

④ かん{づ・ず}め

⑤ うで{づ・ず}もう

3 つぎの文でくわしくしていることばに——を引きましょう。（1もん5点）

① 七色のにじができた。

② うちの犬はしばしば犬だ。

③ さくらがきれいにさいた。

国語

26 まとめ

ペリカンのえさとり

学しゅう日　／

1回目　／100点

2回目　／100点

できた！

答えは111ページ

1 文しょうを読《よ》んで答《こた》えましょう。

大きく長《なが》いくちばしをもったペリカン。この鳥《とり》のえさとりのようすは、とてもおもしろいものです。

あ、たくさんのなかまがみずうみやぬまのふかいところにあつまって、よこ一れつにならびます。

そして、いっせいに大きな羽《はね》をばたつかせて、魚《さかな》たちをあさせにおいこみます。

このとき、頭《あたま》を水の中に入れて、くちばしを大きくひらいて、くちばしの下がわのふくろをつかってたくさんの魚をすくいとります。

それから、口をとじ、魚だけのこして口の中の水をながします。

まるで人間《にんげん》があみで魚をすくいとるようにやるのです。

(1) ペリカンは、どんなくちばしをもっていますか。（10点《てん》）

［　　　　　　　］

(2) あにあてはまることばに○をつけましょう。（5点）

（しかし　　つぎに　　まず）

(3) （　）に番《ばん》ごうをかいて、えさとりのじゅん番にならべましょう。（15点）

（　）口をとじ、魚だけのこして口の中の水をながす。

（　）頭を水の中に入れて、くちばしを大きくひらく。

（　）いっせいに大きな羽をばたつかせる。

（　）なかまがよこ一れつにならぶ。

(4) ペリカンのえさとりは何と同じようにしますか。（10点）

［　　　　　　　］

2 つぎのことばで合《あ》わせことばを作りましょう。（1もん10点）

① 雨＋ふる（　　）

② 花＋はたけ（　　）

③ あらう＋ながす（　　）

3 つぎの合わせことばをもとのことばに分けましょう。（1もん10点）

① とびこえる（　　）＋（　　）

② おりがみ（　　）＋（　　）

③ とびばこ（　　）＋（　　）

国語

27 まとめ 口をすべらす

学しゅう日　／

1回目　／100点

2回目　／100点

できた！
答えは111ページ

1 文しょうを読《よ》んで答《こた》えましょう。

「たからもののかくし場《ば》しょ」などのひみつを友《とも》だちに話《はな》してしまったとき、「口をすべらす」などと言《い》うことを知《し》っていますか。

そして、友だちとのひみつなどをすぐに話してしまうと「口がかるい」とも言われます。

また、友だちと話しているときに、友だちの言いまちがいなどをからかったりすることを「あげ足をとる」と言います。歩《ある》きつかれたり、そこへ行くのがいやだというときには「足がおもい」と言ったりします。

このほか、手や耳など、人のからだの一ぶ分《ぶん》をつかった、きまった言い方《かた》はたくさんあります。

しらべてみるとおもしろいですよ。

(1) 「口をすべらす」というのはどういうときにつかいますか。（10点《てん》）

□□□□□□□□□□ しまったとき。

(2) ひみつなどをすぐに話してしまうと何と言われますか。（10点）

□□□□□

(3) 足がおもいというのは、どんなときにつかいますか。二つかきましょう。（1つ10点）

［　　　　］とき

［　　　　］なとき

2 □になかまのかん字をかきましょう。（1もん10点）

① 食《た》べもの　こめ□　むぎ□　さかな□　にく□

② からだ　あたま□　かお□　からだ□　くび□

③ きせつ　はる□　なつ□　あき□　ふゆ□

3 名前《なまえ》ことばをなかま分《わ》けしました。（　）にあうことばを□からえらんでかきましょう。（1もん10点）

① どうぶつ　｛くま、馬《うま》、（　　）｝

② （　　）｛バス、トラック、自《じ》てん車｝

③ （　　）｛野《や》きゅう、サッカー、テニス｝

のりもの　スポーツ　クジラ

国語

28 まとめ

せつ分

学しゅう日　／

1回目　／100点

2回目　／100点

できた！

答えは111ページ

1 文しょうを読《よ》んで答《こた》えましょう。

せつ分《ぶん》ということばを知《し》っていますか。「おには外《そと》、ふくは内《うち》。」といって、おににむかって㋐まめまきをする日のことです。

むかしから、きせつのかわり目にはよくないことがおきるといって、そのやくばらいをしていました。「おに（よくないこと）は、出ていけ、ふく（よいこと）はやってこい」というものです。

おにがいやがるくさいにおいのイワシと、さするといたいひいらぎのはっぱを、げんかんにかざったりもしていました。

さいきんでは、えほうまきといって、まきずしの丸《まる》かじりをしながらねがいごとをしたりもします。

(1) ㋐は、何《なに》にむかってしますか。（10点《てん》）

〔　　　〕

(2) おにとはどんなことをさしますか。（10点）

〔　　　〕

(3) おにがいやがるものを二つかきましょう。（1つ10点）

□□□□

□□□□

2 つぎの文につづくように、（　）にあてはまるつなぎことばを□からえらんでかきましょう。（1もん4点）

きのう、雨がふった。

①（　　　）遠足《えんそく》に行った。

②（　　　）風《かぜ》もふいた。

③（　　　）体《たい》いくはなかった。

けれども　だから　そして

3 つぎのかん字の足《た》りないところを□からえらんでかきましょう。（1つ4点）

① 亍　鳥　㕣　田

口　糸　舟　彳

② 火　予　寺　玉

禾　里　口　日

③ 彦　气　口　言

頁　氵　ロ　十

29 まとめ

コアラの赤ちゃん

学しゅう日 ／

1回目 ／100点

2回目 ／100点

できた！

答えは111ページ

1 文しょうを読《よ》んで答《こた》えましょう。

よくせなかに子どもをおんぶしているコアラ。クマにもにていることから、コモリグマともよばれます。

じつは、コアラにもカンガルーと同《おな》じようにメスのおなかには、赤ちゃんを中でそだてるふくろがあるのです。

ふくろの中の赤ちゃんはやがて大きくなるとそこを出て、せなかにおんぶされるようになります。

コアラは、ほとんど木の上でくらすので、手や足には、木のえだをにぎれるツメのついた五本のゆびがあります。㋐それらは、親《おや》ゆびとのこりのゆびで、しっかり木のえだをつかめるかたちになっています。そのゆびで、お母さんにもがっちりつかまっているのです。

(1) コアラはなぜコモリグマともよばれるのですか。（10点《てん》）

［　　　　］から。

(2) コアラのメスのおなかには何《なに》があるのですか。（10点）

［　　　　］

(3) コアラはいつもどこでくらしていますか。（10点）

［　　　　］

(4) ㋐とは何をさしていますか。（10点）

［　　　　］

2 つぎのことばをかん字とおくりがなでかきましょう。（1もん10点）

① へやに□《はいる》（　　）

② □《こまかい》（　　）絵

3 □に合《あ》うことばを▢からえらんでかきましょう。（1もん10点）

① 字・いびき・あせ を□

② つな・かぜ・ピアノ を□

③ ほうたい・水・たね を□

④ 虫・ぼうし・しゃしん を□

ひく	おす	まく
かく	ふく	とる

国語

30

まとめ

クジラのしおふき

学しゅう日　／

1回目　／100点

2回目　／100点

できた! 答えは111ページ

1 文しょうを読《よ》んで答《こた》えましょう。

㋐クジラの「しおふき」を知《し》っていますか。

海中《かいちゅう》ふかくもぐっていたクジラが、水めんに頭《あたま》を出していきをはくときにできるふん水のことです。ときには、六メートルもの高《たか》さまで海水を㋑ふき上げることがあります。

これは、一いきで二〇〇〇メートルものふかさまでもぐれるほど、たくさんの空気をすっているからです。

はなが頭上《ずじょう》にあり、はなのあなが一つのあなにまとまっているので、いきおいも強《つよ》いのです。

(1) ㋐は、何のことですか。（20点《てん》）

□□□□□□

□にできる□□□

(2) 何を㋑ふき上げますか。（10点）

□□

(3) クジラのはなは、どこにあって、どのようになっていますか。（20点）

□□にあり、□□

□□□にまとまっている。

2 つぎのことばの中の、なかまはずれのことばに◯をつけましょう。（1もん6点）

① ピアノ　オルガン　ふえ

② イワシ　サバ　コオロギ　タコ

③ タケノコ　シイタケ　マツタケ

3 つぎのかん字と組《くみ》になるかん字《じ》を、□からえらんでかきましょう。（1もん4点）

① 親 □

② 前 □

③ 手 □

④ 父 □

⑤ 天 □

⑥ 兄 □

⑦ 内 □

⑧ 姉 □

後　母　外　地

子　弟　足　妹

国語

31 まとめ シオマネキ

学しゅう日　／

1回目　／100点

2回目　／100点

できた！

答えは111ページ

1 文しょうを読《よ》んで答《こた》えましょう。

シオマネキはカニのなかまです。

すなはまやひがたにすんでいて、こうらほどもある大きなハサミをもっています。そして、まるで「しおが早くみちてくるように」と手をふっているようにも見えることから、そのようによばれています。

大きなハサミをもっているのはオスで、メスをよんでいるのでした。

てきは、はまにいる鳥《とり》たちで、見つけるとす早くどろの中にみをかくします。右のハサミが大きいものや、左のハサミが大きいものもいます。

(1) シオマネキはどこにすんでいますか。（10点）

〔　　　　〕

(2) どれくらい大きなハサミをもっていますか。（10点）

〔　　　　〕

(3) シオマネキのいみを文中のことばでかきましょう。（10点）

〔　　　　〕から。

(4) シオマネキのてきは何《なん》ですか。（10点）

〔　　　　〕

(5) てきを見つけると、どうしますか。（10点）

〔　　　　〕

2 上下のかん字を——でむすび、じゅく語《ご》を作《つく》りましょう。（1つ6点）

① 電・　・船

② 午・　・池

③ 風・　・後

3 つぎの文につづくように、（　）にあうつなぎことばを□からえらんでかきましょう。（（　）…1つ8点）

① ケーキを二つ食べた。

（　　）、もう一つ食べたい。

（　　）、おなかがいっぱい。

しかし　だから

② 朝《あさ》から雨がふっている。

（　　）水えいはした。

（　　）かみなりも鳴《な》った。

でも　そして

国語

32 まとめ カンぽっくり

学しゅう日　／

1回目　／100点

2回目　／100点

できた！ 答えは111ページ

1 文しょうを読《よ》んで答《こた》えましょう。

みなさんはカンぽっくりというあそびを知《し》っていますか。

みかんやパインなどのじょうぶそうな空きカンに、くぎなどで小さなあなをりょう方《ほう》からあけて、そこにタコ糸などひもを通《とお》して中でひもをむすび、ぬけないようにしたものを作《つく》ります。

そして、むねの高《たか》さあたりでひもをしっかり手でひっぱり、カンを足のうらにくっつけるようにして歩《ある》きます。

少《すこ》しじょうずになると走《はし》って、おにごっこができます。

また、水たまりでも歩けたり、カンの鳴《な》る音を楽《たの》しんだりできます。

(1) カンぽっくりの作り方《かた》のじゅんに（　）に番《ばん》ごうをかきましょう。（1つ5点《てん》）

（　）タコ糸などひもを通す。

（　）ひもを中でむすぶ。

（　）じょうぶな空きカンにりょう方からあなをあける。

(2) どのようにしてカンを足のうらにくっつけるようにしますか。（10点）

(3) 少しじょうずになると、どんなことができますか。二つかきましょう。（1つ10点）

〔　　　〕

〔　　　〕

2 組《くみ》になるかん字を［　］からえらんで□にかきましょう。（□…1つ5点）

① 内　□

② 市　□　□

③ 朝　□　□

④ 東　□　□　□

⑤ 春　□　□　□

［冬　外　南　北　夜　町　昼　秋　夏　村　西］

全科ノート　小学2年生　答え

算数

1 時こくと時間 ①……〈P. 3〉

1 ①　5時15分　②　10時55分　③　8時43分

2 ①　6時10分

②　7時10分

③　60分間

④　1分間

⑤　5めもり

3 ①　㋐　午前8時15分　㋑　午後3時45分

②　㋐　午前8時35分　㋑　午後4時5分

2 時こくと時間 ②……〈P. 4〉

1 (1)　㋐　8時　㋑　1時20分　㋒　6時25分

(2)　㋐　7時　㋑　12時20分　㋒　5時25分

(3)　㋐　7時40分　㋑　1時　㋒　6時5分

(4)　㋐　8時30分　㋑　1時50分　㋒　6時55分

2 ①　60

②　24

③　1、40

④　80

⑤　105

3 ①　1、30　②　4、30

③　8、10

3 時こくと時間 ③……〈P. 5〉

1 ①　80分　②　100分

③　105分　④　120分

2 ①　1時間15分　②　1時間30分

③　1時間55分　④　2時間30分

3 （しき）　110－85＝25　答え　25分間

4 （しき）　1時間10分＝70分

80－70＝10　答え　10分間

5 （しき）　1時間7分＝67分

67－45＝22　答え　22分間

4 時こくと時間 ④……〈P. 6〉

1 ①　2

②　6

2 ①　60　②　120

③　80　④　155

3 ①　1時間40分　②　1時間5分

③　2時間10分　④　2時間45分

4 （しき）　8時30分－25分＝8時5分

答え　午前8時5分

5 （しき）　40＋50＋70＝160

160分＝2時間40分

答え　2時間40分

6 （しき）　75分＝1時間15分

2時＋1時間15分＝3時15分

答え　午後3時15分

5 ひょうとグラフ ①……〈P. 7〉

1 ①

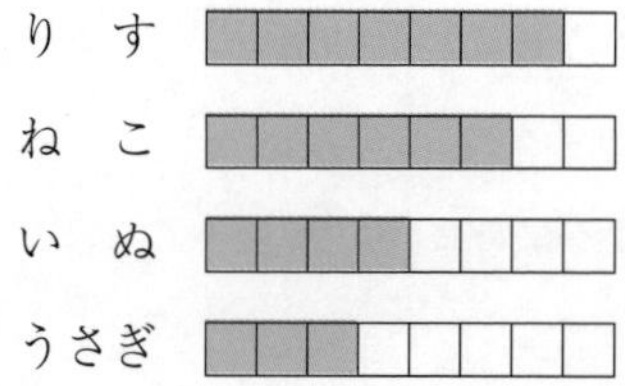

②

	りす	ねこ	いぬ	うさぎ
数（まい）	7	6	4	3

③

どうぶつの絵

○			
○	○		
○	○		
○	○	○	
○	○	○	○
○	○	○	○
○	○	○	○
りす	ねこ	いぬ	うさぎ

6 ひょうとグラフ ②…………………〈P. 8〉

1 ①

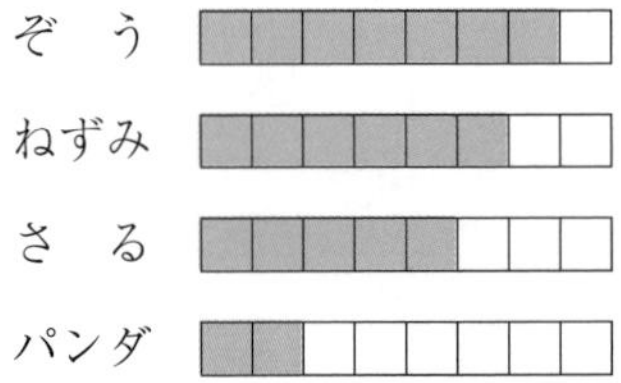

②

	ぞう	ねずみ	さる	パンダ
数（まい）	7	6	5	2

③

どうぶつの絵

○			
○	○		
○	○	○	
○	○	○	
○	○	○	
○	○	○	○
○	○	○	○
ぞう	ねずみ	さる	パンダ

7 1000までの数 ①…………………〈P. 9〉

1 ① 639
② 450
③ 207

2 ① 1、9、3
② 8、0、3
③ 4、3、0

3 ① 520
② 1000
③ 1000
④ 550
⑤ 500

4 ㋐ 31　㋑ 50
㋒ 330　㋓ 550
㋔ 960

8 1000までの数 ②…………………〈P. 10〉

1 ① 178 ― 179 ― 180 ― 181 ― 182
② 380 ― 390 ― 400 ― 410 ― 420
③ 156 ― 158 ― 160 ― 162 ― 164
④ 700 ― 800 ― 900 ― 1000 ― 1100
⑤ 376 ― 375 ― 374 ― 373 ― 372 ― 371 ― 370 ― 369 ― 368 ― 367

2 ① 669 と **700**　② 481 と **811**
③ 508 と **900**　④ **298** と 289
⑤ **310** と 302

3 ① 137
② 851
③ 470
④ 507
⑤ 903

4 ㋐ 360　㋑ 490　㋒ 610
㋓ 750　㋔ 990

9 1000までの数 ③…………………〈P. 11〉

1 ① 600
② 100
③ 800
④ 700
⑤ 690

2 ① 七百六十三
② 四百三十
③ 二百一
④ 五百
⑤ 三百二十一

3

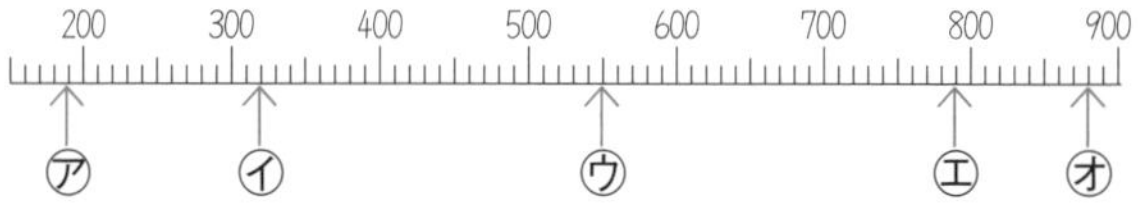

4 ① 4、9
② 64
③ 370
④ 90
⑤ 60

10 1000までの数 ④…………………〈P. 12〉

1 ① 251
② 599
③ 830
④ 408
⑤ 700

2 ① ㋐ 190　㋑ 220　㋒ 310
② ㋓ 540　㋔ 680

3 ① 二百八
② 八百九十五
③ 九百九十九
④ 六百
⑤ 百二十三

4 (い) （しき）500＋30＝530　530
(う) （しき）500－50＝450　450

11 1000までの数 ⑤ ……………………〈P. 13〉

1 ① 3、7、2
② 2、9、0
③ 7、0、6
④ 6、0、0
⑤ 44
⑥ 963

2 ① 870　② 191
③ 406　④ 105
⑤ 600

3 ① (741) と 739　② 673 と (736)
③ 802 と (820)　④ 489 と (498)

4 ① 100
② 600
③ 700
④ 140
⑤ 490

12 1000までの数 ⑥ ……………………〈P. 14〉

1 ① 587
② 803
③ 375

2 ① 829＝800＋20＋ 9
② 506＝500＋ 6

3 ① (あ) 60　(い) 250　(う) 420　(え) 690
②

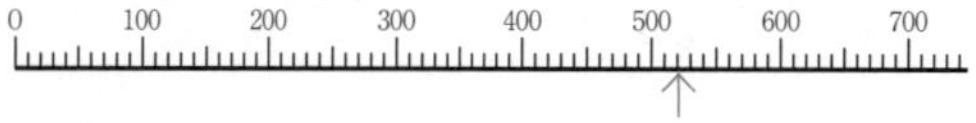

4 ① 500　② 501　③ 504
④ 790　⑤ 800　⑥ 805　⑦ 810
⑧ 885　⑨ 897　⑩ 903

13 たし算 ① ……………………〈P. 15〉

1 ① 68　② 86　③ 97
④ 87　⑤ 79　⑥ 59
⑦ 59　⑧ 86　⑨ 69

2 （しき） 23＋25＝48　答え　48まい

3 ① 82　② 62　③ 95
④ 67　⑤ 85　⑥ 92
⑦ 72　⑧ 52　⑨ 86

4 （しき） 27＋25＝52　答え　52まい

14 たし算 ② ……………………〈P. 16〉

1 ① 50　② 60　③ 80
④ 96　⑤ 78　⑥ 34
⑦ 40　⑧ 50　⑨ 90

2 （しき） 25＋25＝50　答え　50まい

3 ① 117　② 127　③ 166
④ 155　⑤ 147　⑥ 164
⑦ 114　⑧ 128　⑨ 129

4 （しき） 62＋73＝135　答え　135まい

15 たし算 ③ ……………………〈P. 17〉

1 ① 121　② 133　③ 163
④ 142　⑤ 134　⑥ 125
⑦ 131　⑧ 164　⑨ 154

2 （しき） 75＋57＝132　答え　132人

3 ① 101　② 104　③ 105
④ 103　⑤ 102　⑥ 107
⑦ 102　⑧ 105　⑨ 101

4 （しき） 74＋28＝102　答え　102台

16 たし算 ④ ……………………〈P. 18〉

1 ①

	6	7
＋	8	7
1	5	4

②

		6
＋	9	7
1	0	3

③

	2	8
＋	3	4
	6	2

④

	8	6
＋	1	9
1	0	5

⑤

	2	7
＋	5	7
	8	4

⑥

	4	6
＋	7	9
1	2	5

2 （しき） 57＋63＝120　答え　120こ

3 （しき） 64＋38＝102　答え　102本

4 （しき） 89＋47＝136　答え　136円

5 （しき） 77＋35＝112　答え　112こ

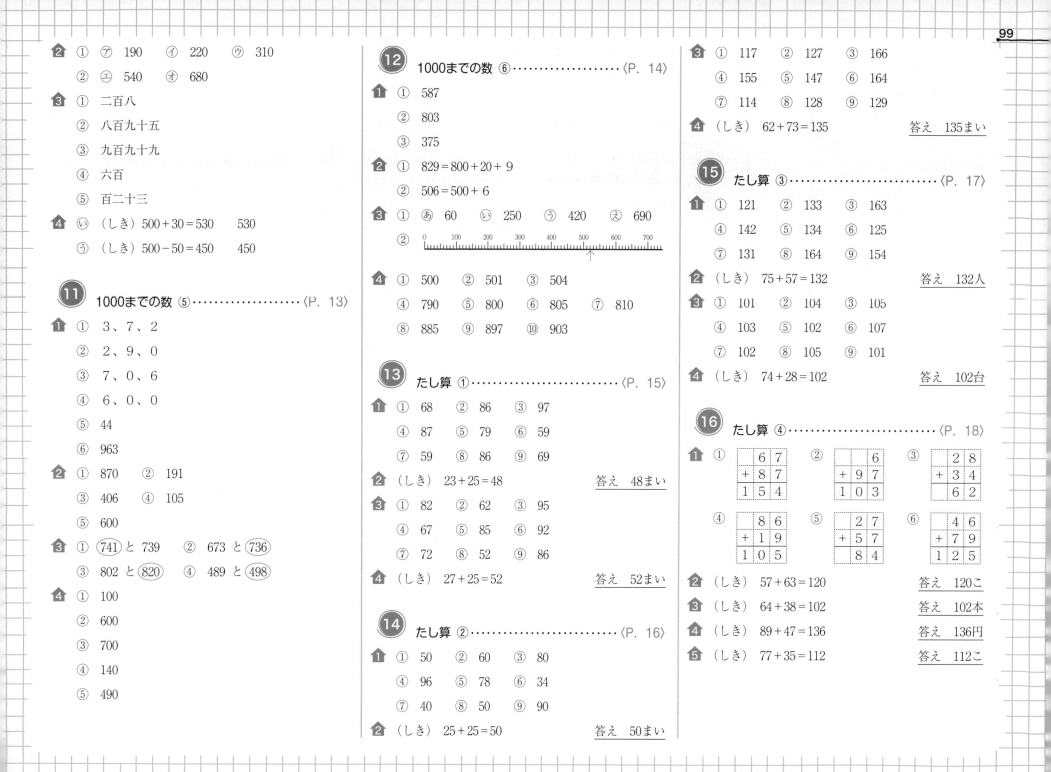

17 ひき算 ①……………………………〈P. 19〉

1 ① 23　② 41　③ 74
④ 55　⑤ 53　⑥ 41
⑦ 35　⑧ 72　⑨ 34

2 （しき） 78－43＝35　　答え 35こ

3 ① 45　② 26　③ 48
④ 18　⑤ 28　⑥ 39
⑦ 35　⑧ 44　⑨ 24

4 （しき） 53－25＝28　　答え 28こ

18 ひき算 ②……………………………〈P. 20〉

1 ① 23　② 22　③ 45
④ 42　⑤ 31　⑥ 17
⑦ 36　⑧ 55　⑨ 22

2 （しき） 50－36＝14　　答え 14人

3 ① 93　② 81　③ 62
④ 61　⑤ 94　⑥ 63
⑦ 82　⑧ 14　⑨ 62

4 （しき） 128－34＝94　　答え 94まい

19 ひき算 ③……………………………〈P. 21〉

1 ① 97　② 76　③ 68
④ 74　⑤ 78　⑥ 84
⑦ 51　⑧ 88　⑨ 57

2 （しき） 125－85＝40　　答え 40まい

3 ① 37　② 77　③ 19
④ 75　⑤ 88　⑥ 48
⑦ 94　⑧ 49　⑨ 55

4 （しき） 153－76＝77　　答え 77人

20 ひき算 ④……………………………〈P. 22〉

1 ①

	1	0	0
－		5	3
		4	7

②

	1	2	5
－		3	7
		8	8

③

	9	4
－	2	8
	6	6

④

	1	0	5
－			9
		9	6

⑤

	1	6	3
－		9	7
		6	6

⑥

	7	4
－	2	7
	4	7

2 （しき） 150－86＝64　　答え 64本

3 （しき） 102－35＝67　　答え 67こ

4 （しき） 144－85＝59　　答え 59本

5 （しき） 100－42＝58　　答え 58こ

21 たし算とひき算（図をつかって）①……〈P. 23〉

1 〈図〉

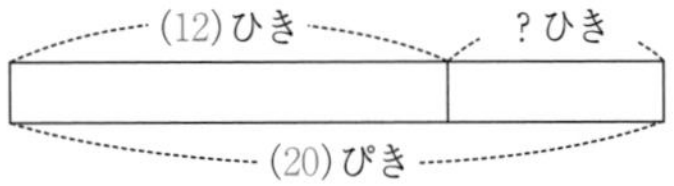

（しき） 20－12＝8　　答え 8ぴき

2 〈図〉

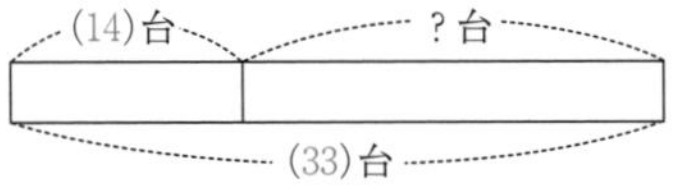

（しき） 33－14＝19　　答え 19台

3 〈図〉

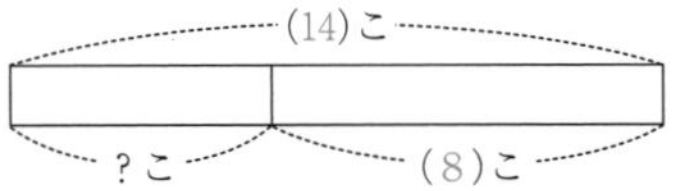

（しき） 14－8＝6　　答え 6こ

4 〈図〉

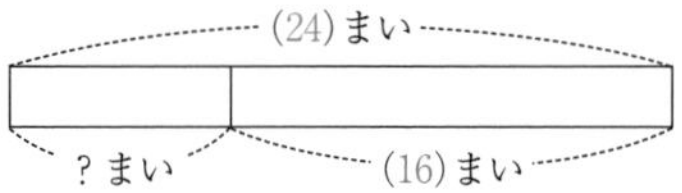

（しき） 24－16＝8　　答え 8まい

22 たし算とひき算（図をつかって）②……〈P. 24〉

1 〈図〉

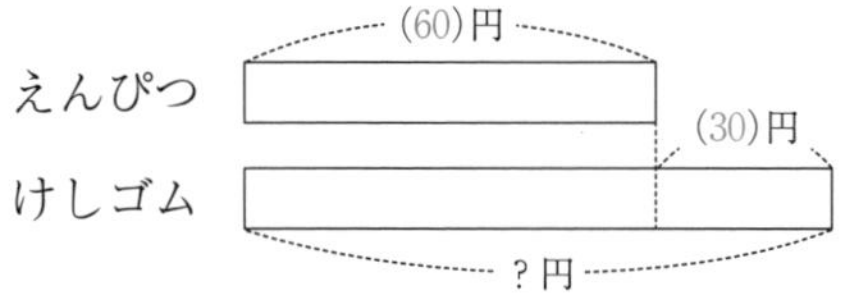

（しき） 60＋30＝90　　答え 90円

2 〈図〉

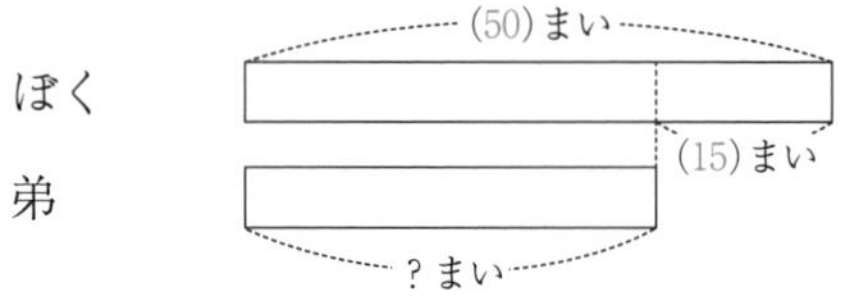

（しき） 50－15＝35　　答え 35まい

3 〈図〉

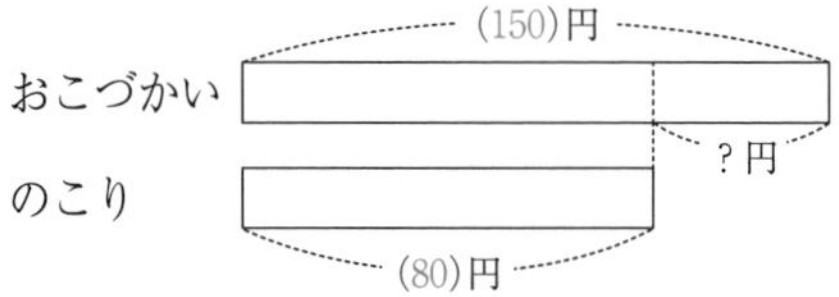

（しき） 150－80＝70　　答え 70円

4 〈図〉

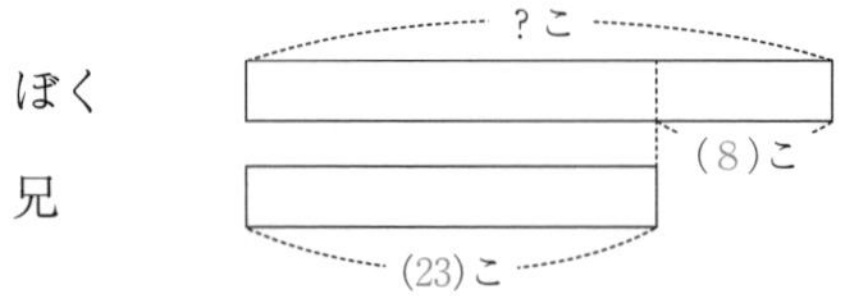

（しき） 23＋8＝31　　答え 31こ

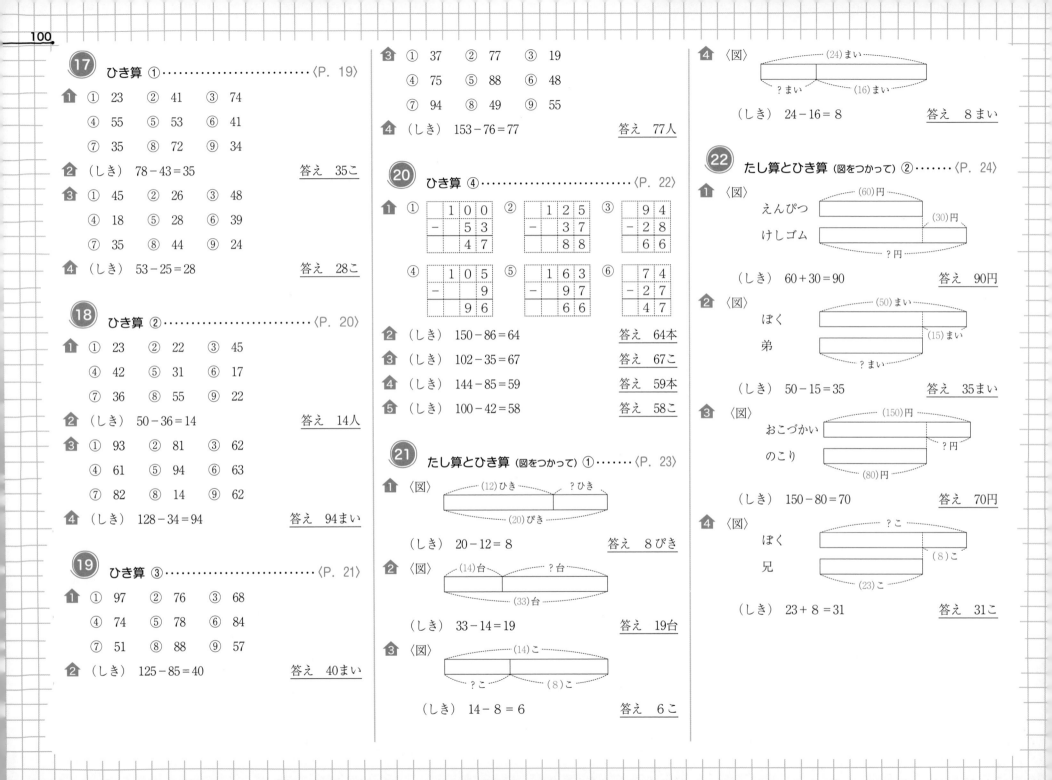

23 長さ（cm、mm）①…………………〈P. 25〉

1 ㋐ 5 cm 4 mm（54mm）
㋑ 7 cm 2 mm（72mm）
㋒ 9 cm（90mm）
㋓ 6 cm 3 mm（63mm）
㋔ 5 cm 2 mm（52mm）

2 ① 8 cm（80mm）
② 9 cm 7 mm（97mm）

3 ① 5 cm 2 mm（52mm）
② 6 cm 2 mm（62mm）
③ 4 cm 5 mm（45mm）

24 長さ（cm、mm）②…………………〈P. 26〉

1 （しき） 4 cm + 4 cm + 4 cm = 12cm
答え　12cm

2 （しき） 3 cm + 3 cm + 3 cm + 3 cm = 12cm
答え　12cm、120mm

3 （しき） 2 cm + 2 cm + 2 cm + 2 cm + 2 cm
+ 2 cm + 2 cm + 2 cm + 2 cm + 2 cm
= 20cm
答え　20cm、200mm

4 （しき） 3 cm 8 mm + 7 cm 1 mm = 10cm 9 mm
答え　10cm 9 mm，109mm

5 （しき） 9 cm 5 mm + 3 cm 8 mm = 12cm13mm
12cm13mm = 13cm 3 mm
13cm 3 mm + 3 cm 8 mm = 16cm11mm
16cm11mm = 17cm 1 mm
答え　17cm 1 mm，171mm

25 長さ（m、cm、mm）③……………〈P. 27〉

1 ① 100
② 60
③ 7
④ 1

2 ① mm
② m
③ cm
④ m

3 ① 2
② 1、80
③ 5、7
④ 3、18
⑤ 4、3
⑥ 420
⑦ 707
⑧ 588
⑨ 1000
⑩ 305

26 長さ（m、cm）④…………………〈P. 28〉

1 ① 140
② 75
③ 500
④ 120、1、20

2 ① 2、50
② 3、7
③ 1、24
④ 324
⑤ 901

3 ① 8 m57cm
② 65m76cm
③ 9 m
④ 5 m80cm
⑤ 7 m83cm

4 （しき） 25m + 25m = 50m　答え　50m

5 （しき） 8 m40cm − 4 m10cm = 4 m30cm
答え　4 m30cm

27 水のかさ（L、dL）①……………〈P. 29〉

1 ① ㋐ 8　㋑ 6
② ㋐、2 dL

2 ① 1、2
② 2、4

3 ① 2 L 5 dL
② 3 L 2 dL
③ 5 L 7 dL
④ 4 L 7 dL

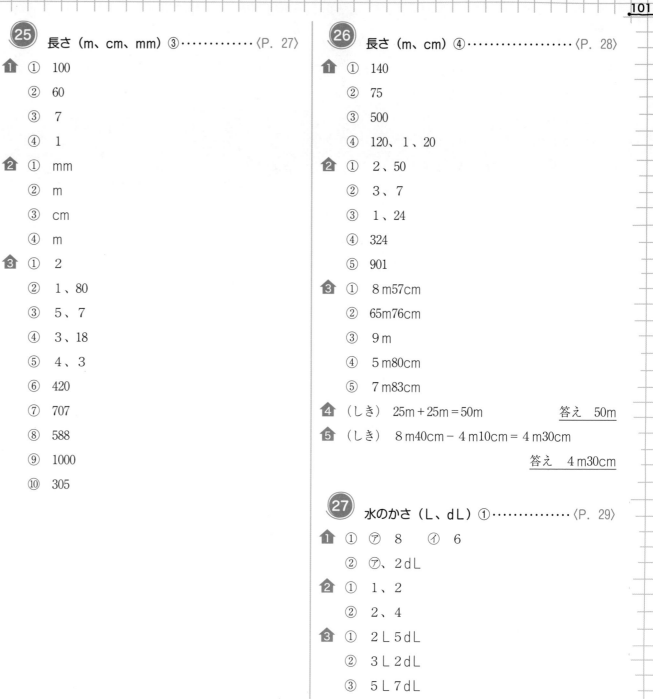

28 水のかさ（L、dL、mL）②……〈P. 30〉

1 ① 5L　② 4L
③ 9L　④ 4L
⑤ 11L　⑥ 3L
⑦ 7L7dL　⑧ 6L2dL
⑨ 5L　⑩ 4L1dL
⑪ 2L7dL　⑫ 4L2dL

2 ① ㋑　② ㋐
③ ㋐　④ ㋑

3 ① 10
② 1000
③ 2、20
④ 30、3000
⑤ 43、4300
⑥ 2

29 水のかさ（L、dL、mL）③……〈P. 31〉

1 ① 18
② 34
③ 4、8
④ 23、5
⑤ 7
⑥ 10
⑦ 2、400
⑧ 200

2 ① 3L5dL　② 3L6dL
③ 1L5dL　④ 2L1dL

3 ① 4L3dL + 2L = 6L3dL　② 2L5dL + 6dL = 3L1dL
③ 6L5dL − 3dL = 6L2dL　④ 3L2dL − 4dL = 2L8dL

30 水のかさ ④……〈P. 32〉

1 ①（しき）1L5dL＋5dL＝2L
答え　2L
②（しき）1L5dL－5dL＝1L
答え　1L

2（しき）10dL－3dL＝7dL　答え　7dL

3（しき）3L－1L5dL＝1L5dL
答え　1L5dL

4（しき）10dL－2dL－2dL－2dL
＝4dL　答え　4dL

5（しき）5L－1L5dL－1L5dL
＝2L　答え　2L

6（しき）
3000mL－500mL－500mL－500mL－500mL
＝1000mL　答え　1000mL

31 かけ算 ①……〈P. 33〉

1

①	20	⑬	6	㉕	24	㊳	12
②	12	⑭	7	㉖	14	㊴	72
③	35	⑮	24	㉗	48	㊵	4
④	8	⑯	1	㉘	21	㊶	28
⑤	36	⑰	40	㉙	54	㊷	16
⑥	45	⑱	18	㉚	28	㊸	54
⑦	9	⑲	35	㉛	27	㊹	15
⑧	30	⑳	16	㉜	32	㊺	21
⑨	16	㉑	6	㉝	63	㊻	36
⑩	4	㉒	20	㉞	18	㊼	48
⑪	81	㉓	10	㉟	25	㊽	49
⑫	15	㉔	32	㊱	24	㊾	27
				㊲	24	㊿	56

32 かけ算 ②……〈P. 34〉

1

①	6	⑬	56	㉕	2	㊳	63
②	42	⑭	12	㉖	36	㊴	48
③	24	⑮	12	㉗	14	㊵	21
④	63	⑯	30	㉘	25	㊶	24
⑤	10	⑰	8	㉙	28	㊷	2
⑥	6	⑱	14	㉚	54	㊸	35
⑦	72	⑲	40	㉛	32	㊹	4
⑧	18	⑳	16	㉜	15	㊺	72
⑨	36	㉑	8	㉝	8	㊻	3
⑩	42	㉒	27	㉞	3	㊼	48
⑪	18	㉓	7	㉟	30	㊽	49
⑫	64	㉔	45	㊱	24	㊾	54
				㊲	9	㊿	28

33 かけ算 ③ ……………………………〈P. 35〉

1 （しき） 7 × 4 ＝28 答え 28日

2 （しき） 6 × 6 ＝36 答え 36本

3 （しき） 3 × 7 ＝21 答え 21こ

4 （しき） 8 × 7 ＝56 答え 56こ

5 （しき） 5 × 5 ＝25 答え 25m

6 （しき） 9 × 5 ＝45 答え 45こ

7 （しき） 3 × 4 ＝12 答え 12こ

8 ① 14 ② 81

③ 20 ④ 42

⑤ 56 ⑥ 25

34 かけ算 ④ ……………………………〈P. 36〉

1 （しき） 3 × 4 ＝12 答え 12m

2 （しき） 8 × 6 ＝48 答え 48人

3 （しき） 4 × 4 ＝16 答え 16こ

4 （しき） 7 × 6 ＝42 答え 42cm

5 （しき） 6 × 5 ＋ 2 ＝32 答え 32こ

6 （しき） 7 × 6 ＋10＝52 答え 52まい

7 （しき） 4 × 8 ＋ 3 ＝35 答え 35本

35 かけ算 ⑤ ……………………………〈P. 37〉

1 （しき） 2 × 8 ＝16 答え 16まい

2 （しき） 5 × 8 ＝40 答え 40こ

3 （しき） 4 × 8 ＝32 答え 32こ

4 （しき） 3 × 5 ＝15 答え 15m

5 （しき） 7 × 3 ＋ 4 ＝25 答え 25日

6 （しき） 6 × 4 ＋ 2 ＝26 答え 26人

7 （しき） 8 × 6 ＋ 3 ＝51 答え 51cm

36 かけ算 ⑥ ……………………………〈P. 38〉

1

×	かける数《かず》				
	(あ)2	(い)3	(う)4	(え)5	(お)6
かけられる数 ㋐1	2	3	4	5	6
㋑2	4	6	8	10	12
㋒3	6	9	12	15	18
㋓4	8	12	16	20	24
㋔5	10	15	20	25	30

2 ①

×	かける数			
	(あ)3	(い)5	(う)7	(え)9
かけられる数 ㋐4	12	20	28	36
㋑5	15	25	35	45
㋒8	24	40	56	72
㋓9	27	45	63	81

②

×	かける数			
	(あ)8	(い)6	(う)5	(え)2
かけられる数 ㋐3	24	18	15	6
㋑4	32	24	20	8
㋒8	64	48	40	16
㋓9	72	54	45	18

37 直角三角形・四角形 ① ……………〈P. 39〉

1 答え ㋐、㋑、㋔、㋕、㋖

2 ① 3

② へん

③ 3

3 ① 4

② へん

③ 4

4

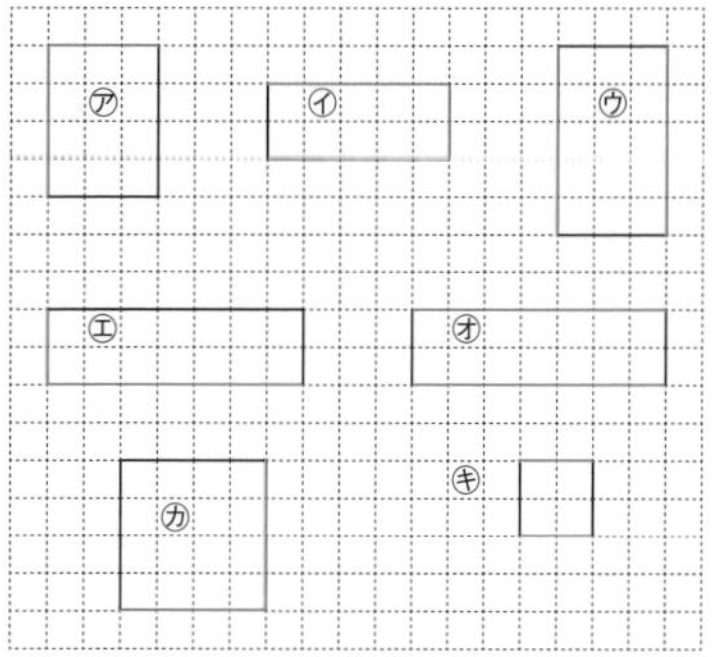

38 直角三角形・四角形 ② ……………〈P. 40〉

1 直角三角形 ㋓、㋖、㋘

長方形 ㋑、㋕、㋙

正方形 ㋐、㋔

2 ①（れい）

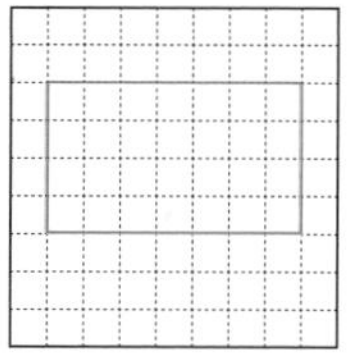

②（れい）

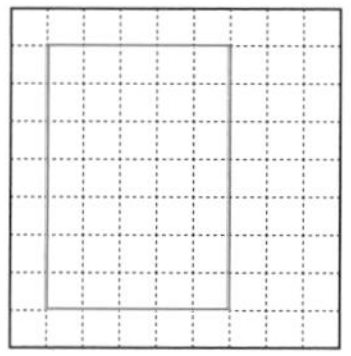

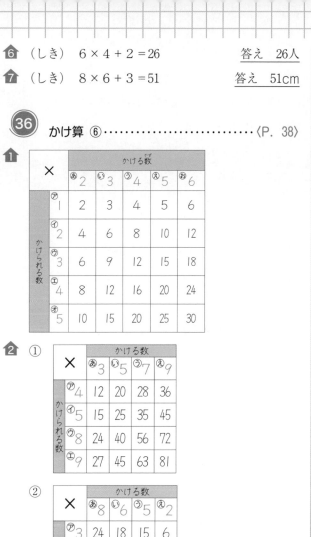

③（れい）

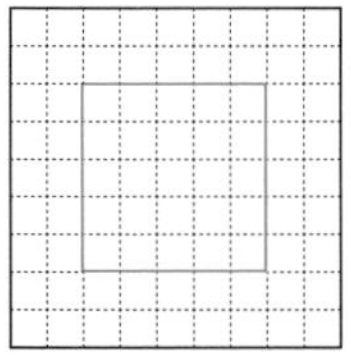

④（れい）

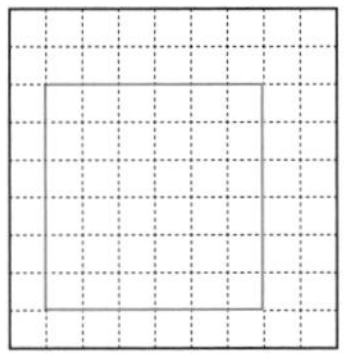

39 はこの形 ①……………………… 〈P. 41〉

1 ① 4、4、4

② 8

③ ちょう点、へん

2 6、12

3 (1) ㋐ 2　㋑ 8

㋒ 6　㋓ 2

㋔ 6　㋕ 8

(2) ① 2　② 2　③ 2　④ 6

40 はこの形 ②……………………… 〈P. 42〉

1 ① ㋑　② ×

③ ㋐　④ ㋐

⑤ ㋑　⑥ ×

2 ① ㋓

② ㋕、(㋒)

③ ㋒ 2　㋓ 4　㋔ 6

41 1000より大きい数 ①……………… 〈P. 43〉

1 ① 4、7、2

② 5、3、9

③ 300、8

④ 2000、4

2 ① 5300　② 7402　③ 8290

④ 2910　⑤ 9513　⑥ 6084

3 ① 七千六百九十

② 五千四百二

③ 二千八十二

④ 八千二百

⑤ 六千三十

4 ① 35　② 250　③ 100

④ 10　⑤ 6

42 1000より大きい数 ②……………… 〈P. 44〉

1 ㋐ 1000　㋑ 3300

㋒ 5800　㋓ 7500

㋔ 5100　㋕ 6700

㋖ 7900

2

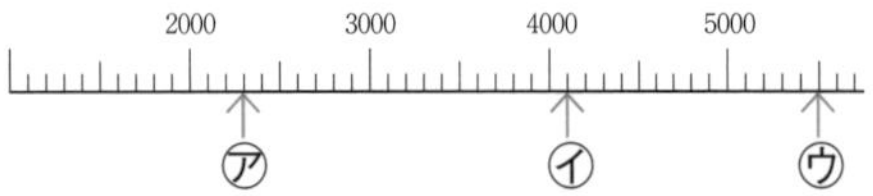

3 ① 7000

② 5000

③ 4000

④ 9900

4 ① 4000

② 5970、5990

③ 9800、10000

5 0、1、2、3、4

43 かんたんな分数 ①………………… 〈P. 45〉

1 ① もとの大きさ

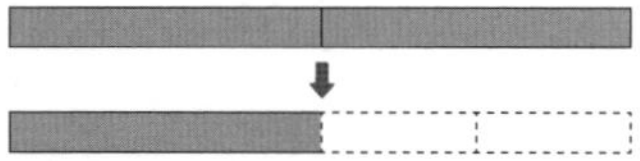

（ ○ ）

② もとの大きさ

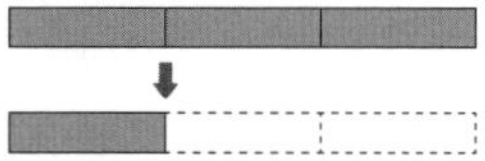

（　）

③ もとの大きさ

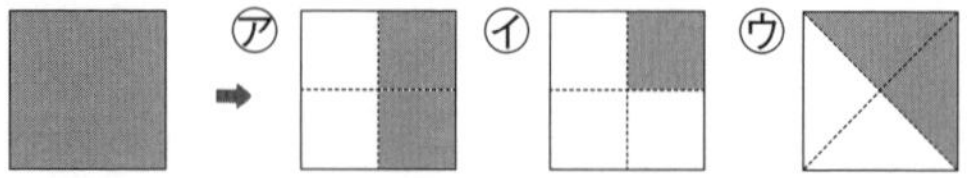

（○）（　）（○）

2 ①（れい）

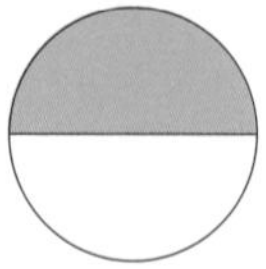

②（れい）

3 ① もとの大きさ

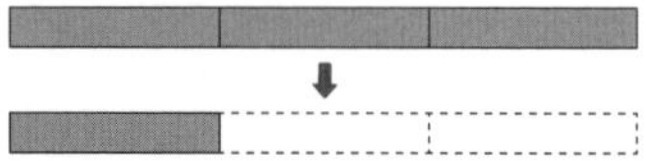

（ ○ ）

② もとの大きさ

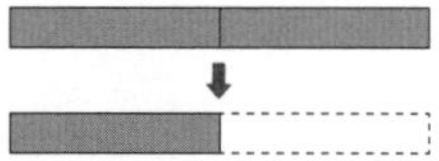

（　）

③ もとの大きさ

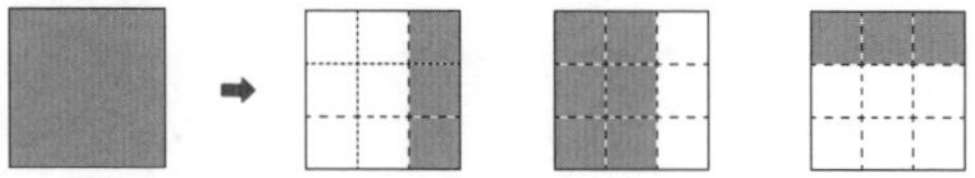

（○）（　）（○）

4 ①（れい）

②（れい）

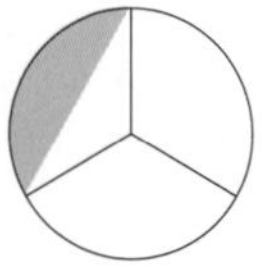

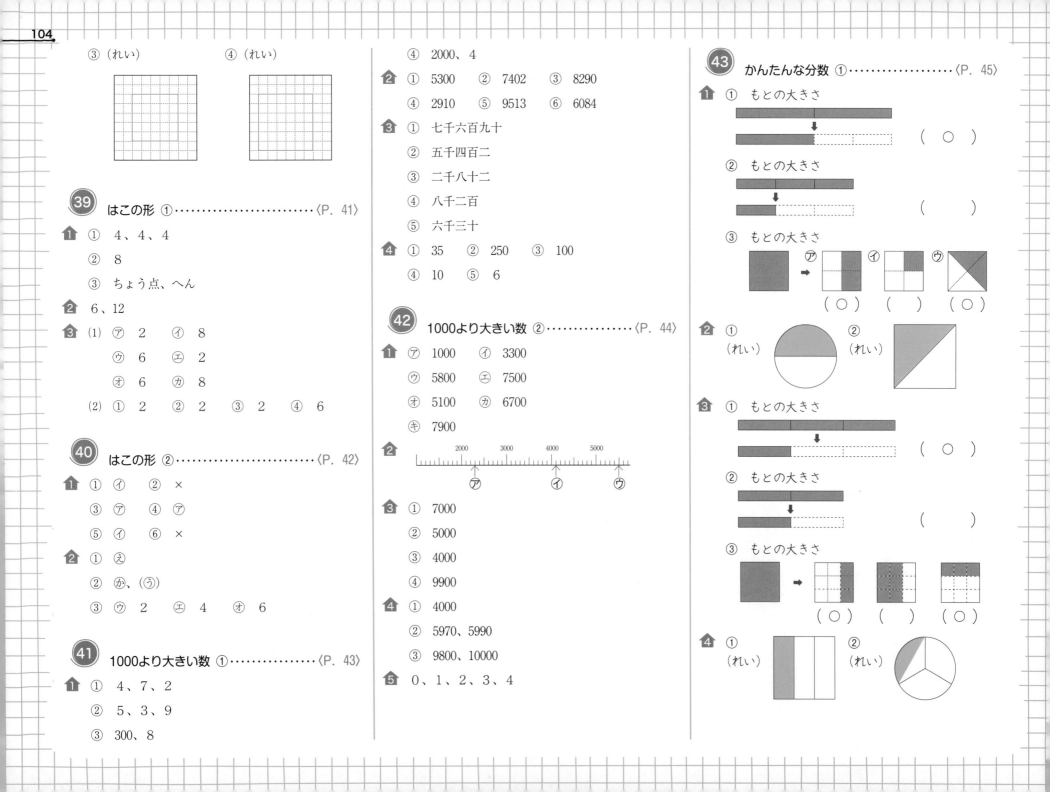

44 かんたんな分数 ②…………………〈P. 46〉

1

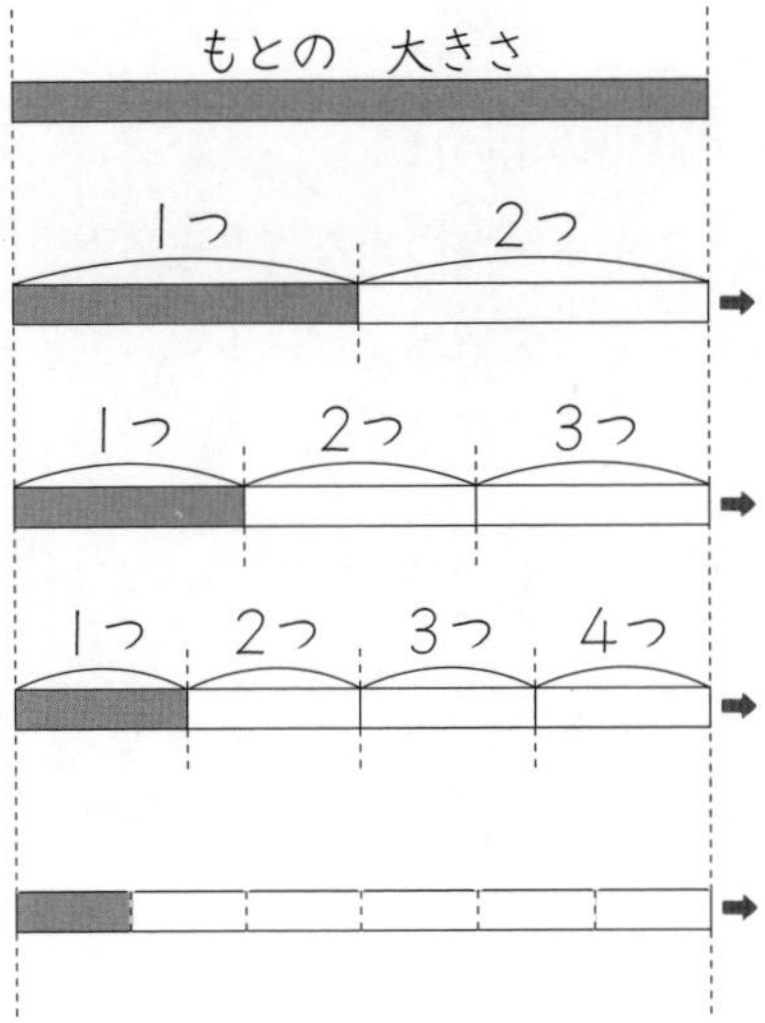

① ($\frac{1}{2}$)

② ($\frac{1}{3}$)

③ ($\frac{1}{4}$)

④ ($\frac{1}{6}$)

2

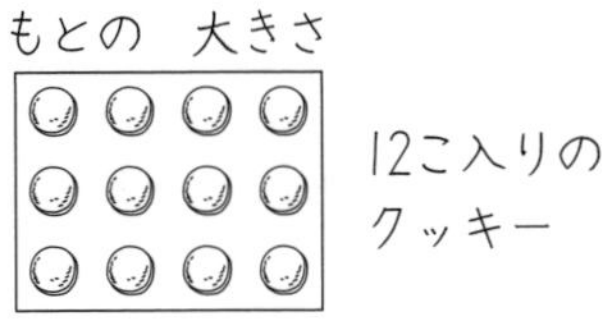

①

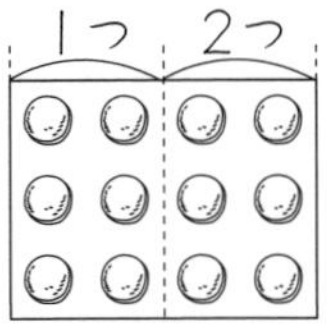

➡ 12この ($\frac{1}{2}$) は 6こです。

②

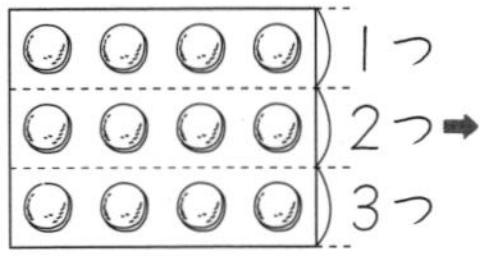

➡ 12この ($\frac{1}{3}$) は 4こです。

③

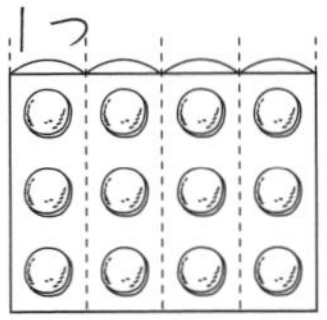

➡ 12この ($\frac{1}{4}$) は 3こです。

45 計算のしかたのくふう ①……………〈P. 47〉

1 ① 30

② 20

2 ① あ 4　い 20

② あ 23　い 40

③ あ 12　い 50

46 計算のしかたのくふう ②……………〈P. 48〉

1 ① あ 91

② あ 8　い 1　う 81

③ あ 1　い 3　う 21

④ あ 47

⑤ あ 7　い 1　う 69

⑥ あ 4　い 2　う 28

2 ① あ 16　い 24

② あ 16　い 24　う 40　え 40

3 （しき） $14+6=20$

$15+20=35$

または、$15+(14+6)=15+20=35$

答え　35こ

生活

1 春をさがそう…………………………〈P. 49〉

1 ① タンポポ　② オオバコ

③ アブラナ　④ サクラ

⑤ カラスノエンドウ

2 ① カマキリ　② モンシロチョウ

③ テントウムシ　④ ダンゴムシ

⑤ ハナアブ

2 町のあんぜん…………………………〈P. 50〉

1

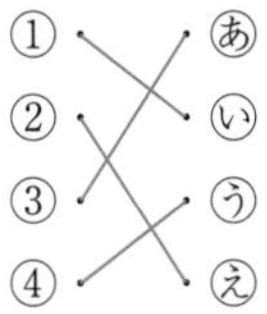

2 ① イ　② ウ

③ エ　④ ア

3 野さいをそだてよう ①………………〈P. 51〉

1 ① ミニトマト　② キュウリ

③ ナス　④ トウモロコシ

⑤ ジャガイモ　⑥ ダイズ

2 （左から） 1、4、2、3

3 ① ×　② ○　③ ○

④ ○　⑤ ○

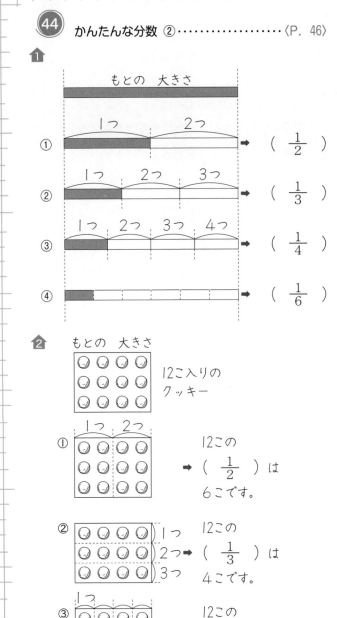

4 野さいをそだてよう ②……………〈P. 52〉

1 ① ミニトマトのわきめつみ
② 5月20日
③ あ
④ まき田さん
⑤ 大きなみができるといいなあ（と思った）。

2 ① ナスのみができました
② 6月2日
③ 花がさいていたところ
④ ひりょうをやりました。
⑤ 3つ

5 野さいができたよ……………〈P. 53〉

1
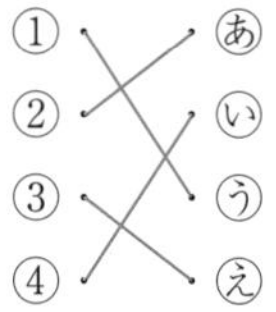

2 ㋐ ④　㋑ ③　㋒ ①　㋓ ②

3 ① キャベツ　② ダイコン

6 町たんけん ①……………〈P. 54〉

㋐ ○　㋑ ×　㋒ ○　㋓ ○
㋔ ×　㋕ ○　㋖ ×　㋗ ○
㋘ ○　㋙ ○

7 町たんけん ②……………〈P. 55〉

1 ① キャベツ　② WC
③ おまわりさん　④ トマト
⑤ はがきや切手を売る。

8 町たんけん ③……………〈P. 56〉

1
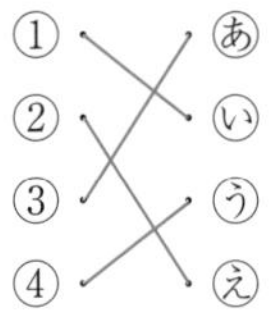

2 （自由かい答）

9 生きものをさがそう……………〈P. 57〉

1 ① クモ　② カタツムリ
③ テントウムシ　④ トンボ
⑤ セミ　⑥ バッタ
⑦ カマキリ　⑧ チョウ

2 ① ザリガニ　② アメンボ
③ オタマジャクシ　④ ヤゴ
⑤ メダカ

3 ③ カエル　④ トンボ

10 生きものをそだてよう……………〈P. 58〉

1 ① 水　② えさ　③ かつおぶし

2 ① くみおき　② かくれるもの
③ 食パン

3 ① 石　② しめった　③ くさった

4 ㋐ 1　㋑ 3　㋒ 4　㋓ 2

11 夏をさがそう……………〈P. 59〉

1 ① セミのぬけがらを見つけた
② 三木たかし
③ きんもくせいの木のは
④ セミはどこへいったのかな（と思った。）

2 スイカ、アサガオ、入道雲、プール

12 うごくおもちゃ……………〈P. 60〉

1
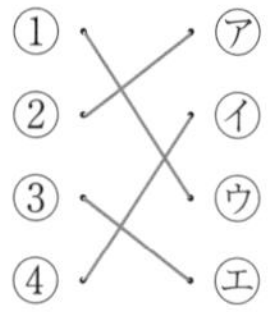

2
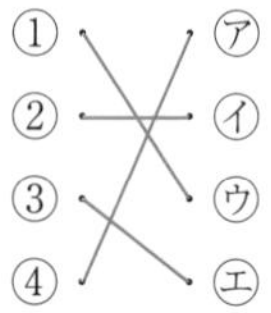

13 秋をさがそう……………〈P. 61〉

1 ① イガグリがおちていた
② 10月25日　③ 茶色
④ 3つにわかれて入っていた。

2 ① ぎんなん　② かき
③ サツマイモ　④ ジャガイモ
⑤ いねかり　⑥ お月見

14 冬をさがそう……〈P. 62〉

1 ① さくらの木のえだ

② 2月26日

③ 春

④ 花

2 ① まめまき　② ぞうに

③ コマ　④ テントウムシ

⑤ カマキリのたまご　⑥ はくさい

15 図書かんのりよう……〈P. 63〉

1 (1) 南図書かん

(2) みなさん、もっと図書かんに行きましょう！！

(3) ① こうみんかんでも本をかえせる。

② 図書かんにない本でも、ほかの図書かんにあれば、とりよせてくれる。

(4) ① 図書かんで読んだ本は、元の場しょにもどしてください。

② みなさん、もっと図書かんに来てください。

16 大きくなった自分……〈P. 64〉

（自由かい答）

国語

1 しっぽのはたらき……〈P. 65〉

1 (1) えだの上を走るとき。

(2) しっぽ

(3) 木からとび下りるとき。

(4) おひれ

(5) しっぽをうちわのように上下にふる。

(6) カバのしっぽ

(7) あちらこちら

(8) 自分がまい子にならないようにするため。

2 かん字 ①……〈P. 66〉

1 ① さんすう、せいかつか

② ごご、きょう

③ ちゅうしょく、とう

④ みせ、しんぶん、か

⑤ しない、こうつう

2 ① 行　② 鳴　③ 船

④ 細　⑤ 秋

3 ① 黄色、風船　② 細長、四角形

③ 北国、冬　④ 外、電線、雪

⑤ 市場、朝　⑥ 売買、電話

⑦ 刀、肉、切　⑧ 村、古、社

⑨ 母、一言　⑩ 父親、兄弟

3 かしこいタコ……〈P. 67〉

1 (1) 足のつけねの近く

(2) ㋐ そこで　㋑ また

(3) きん肉

(4) （まわりのようすに合わせて、）体の色や体の形をかえている。

(5) カニ、エビ、貝

(6) きけんをかんじたとき。

4 かん字 ②……〈P. 68〉

1 ① まいあさ、どくしょ

② らいしゅう、えんそく

③ こうか、うた

④ ふと、まるた、く

⑤ てんき、は

2

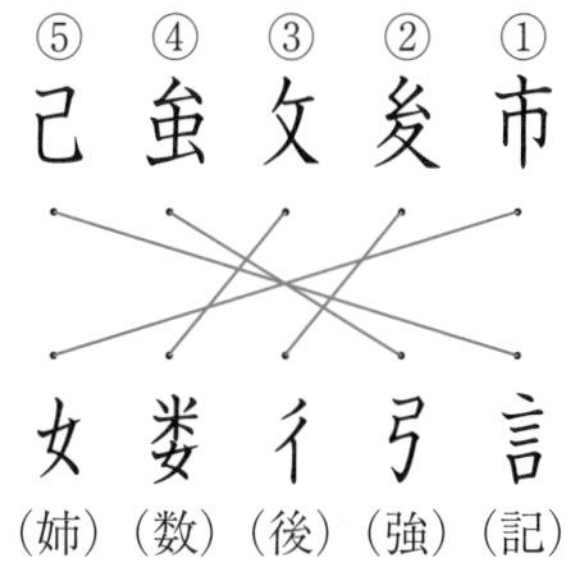

3 ① 姉、万歩計　② 南、来、鳥

③ 明、方、鳴　④ 毎週、走

⑤ 家、近、公園　⑥ 池、金魚

⑦ 友、絵　⑧ 図画工作

⑨ 里、行、少年　⑩ 朝、昼、夜

5 こん虫のくらし……………………〈P. 69〉

(1) こん虫

(2) 草むらや木の上

(3) こん虫（を）食べて生きています

(4) とても目がよいので

(5) こん虫

(6) みどり色、茶色

(7) ここにすむこん虫の多くは、～とてもよくにています。（後ろから７行目の一文）

(8) 夜の間

(9) 鳥がねむっているから。

6 ことばと文 ① しゅ語・じゅつ語‥‥〈P. 70〉

1 ① 星が、光る。

② ぼくが、走る。

③ ゆう園地は、楽しい。

④ ひまわりは、黄色い。

⑤ カラスは、鳥だ。

2 ① トラは→おとなしい

② トンボが→とびます

③ ごはんは→おいしい

④ 犬が→ほえます

⑤ ボールは→プレゼントだ

3 ① 姉　② コーチだ

7 ねらわれつづけるモンシロチョウ‥‥〈P. 71〉

(1) モンシロチョウのメス

(2) （およそ）三百こほどのたまご（のうち）

(3) ハチ、カメムシ

えさにするため（たべるため）。

(4) コマユバチ

(5) また

(6) キャベツについたよう虫

(7) モンシロチョウのせい虫

8 かん字 ③………………………〈P. 72〉

1 ① さとやま、うま、はし

② とり、はね、やす

③ じぶん、かんが、い

④ なつ、にゅうどうぐも

⑤ かど、さんかくこうえん

2 ① 売　② 茶　③ 買

④ 高　⑤ 語

3 ① 天気、晴　② 午後、秋空

③ 丸顔、兄弟　④ 生活科、時間

⑤ 野原、帰　⑥ 音楽室、歌声

⑦ 春、大地　⑧ 弓矢、引

⑨ 寺、前、店　⑩ 理科、糸電話

9 パン工場のしごと…………………〈P. 73〉

(1) 左 （6）、（3）、1、（2）、（5）、（4） 右

(2) 白いふく

(3) ねったざいりょう

(4) さとうやバターを入れてねったもの。

(5) ひやす。 同じあつさに切る。 ふくろに入れる。

10 かん字 ④………………………〈P. 74〉

1 ① ゆき、おとうと、ある

② かみ、こがたな、き

③ ふるさと（こり）、ちか

④ たにがわ、おお、いわ

⑤ うし、な、ごえ

2 ⑤

	空
電	車

③

	出
花	火

①

	男
女	子

④

	文
赤	字

②

	学
休	校

3 ① 多数、文字　② 金曜、新聞

③ 秋、読書　④ 星、弱、光

⑤ 風、雨戸　⑥ 帰、道、遠

⑦ 東京、列車　⑧ 岩、間、見

⑨ 麦、米、食　⑩ 同、形、直

11 はたらく自どう車…………………〈P. 75〉

(1) ショベルカー

(2) あ また　い つぎは

(3) ショベルカー

(4) 道ろ

(5) おもい土や石をたくさんはこぶ（車です。）

(6) に台を大きくかたむけ（て）

(7) コンクリートがかたまらない（ようにするため）

12 ことばと文 ② つなぎことば………〈P. 76〉

1 ① ところが　② でも

③ しかし　④ さらに

2 ① しかし　② だから

③ それとも　④ すると

13 うごくカメのおもちゃ………………〈P. 77〉

■ (1) ① (う)　② (い)　③ (え)

④ (あ)　⑤ (お)

(2) ① はじめに　② つぎに

③ それから　④ さいごに

(3) たこ糸、セロテープ、空きカップ

わゴム、電池、はさみ、色紙

14 かん字 ⑤…………………………〈P. 78〉

1 ① いちじかんはん、やす

② てんさい、ひゃくてん

③ まいにち、さくぶん

④ こうばん、じ、まえ

⑤ ふと、けいと

2 ① 村　② 中　③ 昼

④ 南　⑤ 秋

3 ① 小鳥、羽　② 元通、直

③ 車中、昼　④ 組、茶色

⑤ 心、内、知　⑥ 公園、走

⑦ 当、止　⑧ 紙、刀、切

⑨ 考、答　⑩ 方角、東

15 学校のさくらの木…………………〈P. 79〉

■ (1) ㋑

(2) さくらの木

(3) (のぼって、)せみをとろうとした。

(赤くなった) さくらんぼをとろうとした。

(4) ㋒

(5) さくらの木

(6) いい木だなあ

16 かん字 ⑥…………………………〈P. 80〉

1 ① ふる、ゆみや、かたな

② がようし、き

③ きょうだい、かお

④ きんようび、しょく

⑤ しんゆう、でんわ

2 ① 母　② 親　③ 後　④ 地

⑤ 妹

3 ① 太、毛糸　② 日記、書、方

③ 西、空、晴　④ 一時間半、休

⑤ 百点、天才　⑥ 文、何回、書

⑦ 校門、会　⑧ 雪道、歩

⑨ 自、前、交番　⑩ 高、人形

17 王さまとくつや……………………〈P. 81〉

■ (1) こじきのようなようす

(2) おじいさん

(3) おじいさん

(4) こじきのようなようすだったから。

(5) ぶっきらぼう

(6) ㋒

18 ことばと文 ③ こそあどことば……〈P. 82〉

■ (1) ① あの　② この

③ どこ　④ どの

⑤ これ　⑥ あそこ

(2) ① 青いかさ

② 赤いやねの家

③ 小さなたてもの

④ 工じ中のところ

19 しゃしんやさん……………………〈P. 83〉

■ (1) すべり台にのって (あそんでいました。)

(2) かみの長いしゃしんやさん

(3) カメラ (しゃしんき)

(4) 正ちゃん……すべり台の上へかけさせた。

お姉さん……ランドセルをしょわせて、下へ立たせた。

(5) 正ちゃん

(6) ああんと口をあけた。

したをぺろりと出した。

20 かん字 ⑦ 〈P. 84〉

1 ① すうちょくせん、ひ
② せんちょう、おおおとこ
③ ちょうしょく、ちゃ
④ えんそく、えん
⑤ のはら、うま

2 ① たの、がっ　② さく、つく
③ ほう、かた　④ ふな、せん
⑤ こく、くに

3 ① 市町村、地図　② 音楽、強
③ 売店、新聞　④ 日記、書
⑤ 算数、百点　⑥ 夏、入道雲
⑦ 黄色、画用紙　⑧ 土曜日、休
⑨ 角、三角公園　⑩ 首、細長、鳥

21 赤いろうそく ① 〈P. 85〉

(1) 赤いろうそくは、たくさんあるものではないから。
(2) どこへ……山へ
どのように……だいじに
(3) 山
(4) 花火などというもの（は）一ども見たことがない
(5) ㋑

22 かん字 ⑧ 〈P. 86〉

1 ① せんせい、であ　② くび、にんぎょう
③ たすう、じ　④ ふうせん、てがみ
⑤ きた、ほうがく、ほし

2 ① 車、社　② 池、地
③ 聞、文　④ 時、自
⑤ 友、夕

3 ① 野鳥、羽　② 草原、牛
③ 午前、午後　④ 食当番
⑤ 春、遠足　⑥ 数直線、引
⑦ 外国人、船長　⑧ 来週、音楽会
⑨ 昼食、肉　⑩ 点、交通

23 赤いろうそく ② 〈P. 87〉

(1) だれも花火に火をつけようとしなかった
(2) 火をつけに行くもの
(3) ②
(4) ①
(5) 首を引っこめてしまわなかった

24 ことばと文 ④　はんたいことば・組になることば 〈P. 88〉

(1) ① くらい　② つめたい
③ かなしい　④ みじかい
(2) ① ふかい　② からい
③ 近い　④ 少ない
(3) ① 買う　② まける
③ しめる　④ ちぢむ
⑤ 出す　⑥ しぬ
(4) ① まもる　② ひく
③ かす　④ うく

25 まとめ：カラカルの大ジャンプ 〈P. 89〉

1 (1) カラカル
(2) 三角形
(3) なかまを作らず一ぴきで生活し、昼の間は、岩のすきまやキツネなどのすてたあなにかくれています。（前から８行目）
その上、とても用心ぶかく、（なかなかすがたは見られません。）（前から11行目）
(4) 長く強い後ろ足

2 ① ぢ　② ぢ　③ じ
④ づ　⑤ ず

3 ① 七色のにじができた。
② うちの犬はしば犬だ。
③ さくらがきれいにさいた。

26 まとめ：ペリカンのえさとり………〈P. 90〉

1 (1) 大きく長いくちばし

(2) まず

(3) 左 （1）、（2）、（3）、（4） 右

(4) 人間があみで魚をすくいとるように。

2 ① 雨ふり　② 花ばたけ

③ あらいながす

3 ① とぶ＋こえる　② おる＋かみ

③ とぶ＋はこ

27 まとめ：口をすべらす………………〈P. 91〉

1 (1) ひみつを友だちに話して（しまったとき。）

(2) 口がかるい

(3) 歩きつかれた

行くのがいや

2 ① 米、麦、魚、肉　② 頭、顔、体、首

③ 春、夏、秋、冬

3 ① クジラ　② のりもの　③ スポーツ

28 まとめ：せつ分……………………〈P. 92〉

1 (1) おに

(2) よくないこと

(3) イワシ、ひいらぎ

2 ① けれども　② そして　③ だから

3 ① 行、鳴、船、細　② 秋、野、時、国

③ 顔、汽、回、計

29 まとめ：コアラの赤ちゃん…………〈P. 93〉

1 (1) よくせなかに子どもをおんぶしていてクマにもにている（から。）

(2) 赤ちゃんをそだてるふくろ

(3) 木の上

(4) 五本のゆび

2 ① 入（る）　② 細（かい）

3 ① かく　② ひく　③ まく　④ とる

30 まとめ：クジラのしおふき…………〈P. 94〉

1 (1) いきをはくとき、ふん水

(2) 海水

(3) 頭上、一つのあな

2 ① ふえ　② コオロギ　③ タケノコ

3 ① 子　② 後　③ 足　④ 母

⑤ 地　⑥ 弟　⑦ 外　⑧ 妹

31 まとめ：シオマネキ………………〈P. 95〉

1 (1) すなはまやひがた

(2) こうらほどもある

(3) しおが早くみちてくるようにと手をふっているように見える

(4) 鳥（たち）

(5) す早くどろの中にみをかくす。

2

③	②	①
風	午	電

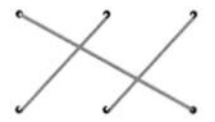

後	池	船
（午後）	（電池）	（風船）

3 ① しかし、だから　② でも、そして

32 まとめ：カンぽっくり………………〈P. 96〉

1 (1) 左 （1）、（3）、（2） 右

(2) ひもをしっかり手でひっぱる

(3) 走って、おにごっこができる。

水たまりでも歩ける。

2 ① 外　② 町、村

③ 昼、夜　④ 西、南、北

⑤ 夏、秋、冬

（じゅん番はかんけいありません）

要点チェック！全科ノート　小学2年生

2015年12月20日　初　版　第1刷発行
2021年1月20日　改訂版　第1刷発行
2023年4月10日　　　　　第2刷発行

著　者　宮《みや》　崎《ざき》　彰《しょう》　嗣《じ》
　　　　馬《ば》場《ば》田《た》　裕《ひろ》　康《やす》

発行者　面　屋　　洋

企　画　清　風　堂　書　店

発行所　フォーラム・A
〒530-0056　大阪市北区兎我野町15-13
TEL　06（6365）5606
FAX　06（6365）5607
振替　00970-3-127184
http://www.foruma.co.jp/

制作編集担当・田邉光喜

表紙デザイン・ウエナカデザイン事務所
印刷・㈱関西共同印刷所／製本・㈱高廣製本